中国社会科学院国情调研特大项目"精准扶贫精准脱贫百村调研"

精准扶贫精准脱贫百村调研丛书

CASE STUDIES OF TARGETED POVERTY REDUCTION AND
ALLEVIATION IN 100 VILLAGES

李培林／主编

精准扶贫精准脱贫
百村调研·牛村卷

石漠化山区民族村寨的扶贫之路

张文博　张　建／著

社会科学文献出版社

SOCIAL SCIENCES ACADEMIC PRESS (CHINA)

中国社会科学院国情调研特大项目
"精准扶贫精准脱贫百村调研"
项目协调办公室

主　任：王子豪

成　员：檀学文　刁鹏飞　闫　珺　田　甜　曲海燕

总　序

　　调查研究是党的优良传统和作风。在党中央领导下，中国社会科学院一贯秉持理论联系实际的学风，并具有开展国情调研的深厚传统。1988年，中国社会科学院与全国社会科学界一起开展了百县市经济社会调查，并被列为"七五"和"八五"国家哲学社会科学重点课题，出版了《中国国情丛书——百县市经济社会调查》。1998年，国情调研视野从中观走向微观，由国家社科基金批准百村经济社会调查"九五"重点项目，出版了《中国国情丛书——百村经济社会调查》。2006年，中国社会科学院全面启动国情调研工作，先后组织实施了1000余项国情调研项目，与地方合作设立院级国情调研基地12个、所级国情调研基地59个。国情调研很好地践行了理论联系实际、实践是检验真理的唯一标准的马克思主义认识论和学风，为发挥中国社会科学院思想库和智囊团作用做出了重要贡献。

　　党的十八大以来，在全面建成小康社会目标指引下，中央提出了到2020年实现我国现行标准下农村贫困人口脱贫、贫困县全部"摘帽"、解决区域性整体贫困的脱贫攻坚目标。中国的减贫成就举世瞩目，如此宏大的脱贫目标世所罕见。到 2020 年实现全面精准脱贫是党的十九大提出的三大攻坚战之一，是重大的社会目标和政治任务，中国的贫困地区在此期间也将发生翻天覆地的变化，而变化的过程注定不会一帆风顺或云淡风轻。记录这个伟大的过程，总结解决这个世界性难题的经验，为完成这个攻坚战献计献策，是社会科学工作者应有的责任担当。

2016 年，中国社会科学院根据中央做出的"打赢脱贫攻坚战"战略部署，决定设立"精准扶贫精准脱贫百村调研"国情调研特大项目，集中优势人力、物力，以精准扶贫为主题，集中两年时间，开展贫困村百村调研。"精准扶贫精准脱贫百村调研"是中国社会科学院国情调研重大工程，有统一的样本村选择标准和广泛的地域分布，有明确的调研目标和统一的调研进度安排。调研的 104 个样本村，西部、中部和东部地区的比例分别为 57%、27% 和 16%，对民族地区、边境地区、片区、深度贫困地区都有专门的考虑，有望对全国贫困村有基本的代表性，对当前中国农村贫困状况和减贫、发展状况有一个横断面式的全景展示。

在以习近平同志为核心的党中央坚强领导下，党的十八大以来的中国特色社会主义实践引导中国进入中国特色社会主义新时代，我国经济社会格局正在发生深刻变化，脱贫攻坚行动顺利推进，每年实现贫困人口脱贫 1000 多万人，贫困人口从 2012 年的 9899 万人减少到 2017 年的 3046 万人，在较短时间内实现了贫困村面貌的巨大改观。中国社会科学院组建了一百支调研团队，动员了不少于500名科研人员的调研队伍，付出了不少于3000个工作日，用脚步、笔尖和镜头记录了百余个贫困村在近年来发生的巨大变化。

根据规划，每个贫困村子课题组不仅要为总课题组提供数据，还要撰写和出版村庄调研报告，这就是呈现在读者面前的"精准扶贫精准脱贫百村调研丛书"。为了达到了解国情的基本目的，总课题组拟定了调研提纲和问卷，要求各村调研都要执行基本的"规定动作"和因村而异的"自选动作"，了解和写出每个村的特色，写出脱贫路上的风采以及荆棘！对每部报告我们都组织了专家评审，由作者根据修改意见进行修改，直到达到出版要求。我们希望，这套丛书的出版能为脱贫攻坚大业写下浓重的一笔。

中共十九大的胜利召开，确立习近平新时代中国特色社会主义思想作为各项工作的指导思想，宣告中国特色社会主义进入新时代，中央做出了社会主要矛盾转化的重大判断。从现在起到2020年，既是全面建成小康社会的决胜期，也是迈向第二个百年奋斗目标的历史交会期。在此期间，国家强调坚决打好防范化解重大风险、精准脱贫、污染防治三大攻坚战。2018年春节前夕，习近平总书记到深度贫困的四川凉山地区考察，就打好精准脱贫攻坚战提出八条要求，并通过脱贫攻坚三年行动计划加以推进。与此同时，为应对我国乡村发展不平衡不充分尤其突出的问题，国家适时启动了乡村振兴战略，要求到2020年乡村振兴取得重要进展，做好实施乡村振兴战略与打好精准脱贫攻坚战的有机衔接。通过调研，我们也发现，很多地方已经在实际工作中将脱贫攻坚与美丽乡村建设、城乡发展一体化结合在一起开展。可以预见，贫困地区的脱贫攻坚将不再只局限于贫困户脱贫，我们有充分的信心从贫困村发展看到乡村振兴的曙光和未来。

是为序！

全国人民代表大会社会建设委员会副主任委员

中国社会科学院副院长、学部委员

2018 年 10 月

前　言

贫困问题一直伴随人类社会的发展。2000 年，联合国《千年发展目标》（MDGs）的首要目标是消除极端贫困与饥饿；到 2015 年，经过十数年的全球发展，联合国《2030 年可持续发展议程》提出全球 17 项可持续发展目标（SDGs），其中第一个目标依旧围绕贫困问题，即到 2030 年实现"消除全球一切形式的贫困"并实现可持续发展。世界各国一直在为减缓并消除贫困做出各种努力，这也是命运与共的人类社会的共同目标之一。尤当此新冠肺炎疫情席卷全球之际，从一国一地的贫困人口、低收入者到国际社会中的发展中国家，这些个体或集体成员都在这场全球性突发公共卫生紧急事件中遭受到更大的冲击。面对新风险时代的巨大不确定性，贫困问题的严重性、贫困人口的脆弱性被进一步放大，减贫的意义也更加凸显。

作为世界上最大的发展中国家，逐步消除贫困一直是中国历任政府各项工作的重中之重。改革开放之前，温饱问题尚对中国至少 2.5 亿人口构成绝对威胁。从 20 世纪 80 年代中期开始，中国政府就已针对全国普遍、农村尤甚的欠发展和绝对贫困现象开展了有计划、有组织的大规模扶贫开发。到 20 世纪 90 年代初，全国当时温饱线下的贫困人口出现骤减，但仍有近 1 亿贫困人口依然亟待解决温饱问题。在此情况下，到 1994 年，国务院发布了全国扶贫开发工作纲要，印发《国家八七扶贫攻坚计划》，意在力争于 20 世纪最后 7 年基本解决彼时全国农村 8000 万贫困人口的温饱问题。此后我国的扶贫工作进入一轮攻坚阶段，扶贫方式也从以往相对单一的救济式扶贫逐渐转向开发式扶贫。到 2000 年底，全国农村尚未解决温饱问题的贫困人口锐减至 3000 万，其中一些连片贫困地区的温饱问题得到集中缓解，人畜饮水困难问题也得以逐步解决，农村贫困发生率出现大幅下降。中国在减少绝对贫困方面的工作取得了显著成效，并且还在不断推进。

进入 21 世纪，随着经济社会的发展，贫困的定义与内涵不断变化，我国的贫困人口和贫困现象也随之发生了变化，这也对新时期政府扶贫工作提出了新的要求。2012 年，党的十八大报告首次正式提出 2020 年全面建成小康社会的总目标，而要实现这一目标，最大的发展挑战和短板主要在于贫困人口，特别是那些仍旧陷于绝对贫困人口的收入与生活改善上。按照当时的国定贫困线标准，我国尚有 7000 多万贫困线下人口；新时期的减贫工作不仅目标艰巨、任务繁重，且亦相当紧迫。2013 年底，习近平总书记在农村考察调研时针对性地提出"实事求是、因地制宜、分类指导、精准扶贫"的扶贫思路，更加切实地回应了我国区域分化、群体分化的贫困现象，依此，我国扶贫工作也开始从以往"一刀切"的粗放式扶贫转向更强调针对性、适配性的精准扶贫。在中央"精准扶贫"发展战略下，全国各地开始对标"六个精准"，并主要通过"五个一批"（即发展生产脱贫一批、易地搬迁脱贫一批、生态补偿脱贫一批、发展教育脱贫一批、社会保障兜底一批）等路径方法，全面打响了"2020"全面小康目标下的新一轮脱贫攻坚战。

在"五个一批"中，易地搬迁脱贫一批承担重要任务，也在中国的反贫困过程中发挥重要作用。仅在"十二五"期间，就有1171万人在中央财政和地方财政支持下通过易地搬迁改善了生存条件和生活状态。在"十三五"期间，按计划将有近1000万农村贫困人口通过易地搬迁实现脱贫。在中国实现全面消除农村绝对贫困的关键时期、实现全面建成小康社会的决胜阶段，易地搬迁扶贫承担了"十三五"期间近20%的扶贫攻坚任务，也成为很多贫困地区最重要的脱贫攻坚工作抓手，对于实现精准扶贫的目标具有重大意义；而易地搬迁实施以来也确实对贫困地区尤其是生态脆弱、基础条件困难地区的部分民众产生了较大的积极影响。但另一方面，在中央政策的地方推进中，由于施政理念、行政能力、地方条件限制等影响因素的综合作用，政策的落地与执行需面对适应地方政策环境和土壤条件等现实问题，不同地区、不同层级的地方政府对于易地搬迁政策做出了不同的调整性、适应性乃至变通性安排，在对象确定、搬迁方案和安置结果等环节的政策落地与执行过程中进行了地方调整；而不同基础条件和资源禀赋地方的民众对差异化的易地搬迁政策也反应不一。这也因而出现了政策意图何以实现、政策执行何以可能等问题。

作为一项贫困改造的巨大国家工程，易地扶贫移民搬迁规模浩大，是对贫困人口生存方式最彻底的干预。从政策动议和决策的视角看，提出并实施这一工程的假设前提是"一方水土养不起一方人"，其目的是通过搬迁实现"挪穷窝、换穷业、拔穷根"，其理想状态是"搬得出、稳得住、能致富"，正如大多数地方的政策宣传话语所言。然而，与许多"试图改善人类状况的项目"一样，这一工程在一些地方的实施结果往往与中央政策的设计初衷相去甚远。

贫困问题，尤其是农村地区绝对贫困问题的减缓与消除，切实关涉到社会底层民生，它不仅是重大的社会事实和现实问题，更是国家治理和社会治理的重要方面。作为实现 2020 年目标的一项重大社会政策，其是否具有针对性、有效性、可行性，不仅取决于决策的合理性和科学性，也更取决于执行中的治理机制和方式，特别是在基层社会的反贫困治理中。因此，在精准扶贫工作思路的要求下，从政策过程的视角对精准扶贫相关政策的执行情况开展实证研究极有必要。

本报告聚焦于我国西部石漠化山区的一个实施了整乡跨区域搬迁工程的少数民族村庄，考察易地扶贫搬迁政策在该村的落地过程及其在执行中所遭遇的种种来自社会、文化的阻力，以及政策内部的多重张力，并以此个案为例对中央精准扶贫政策实施过程中的地方变形与实践限度进行分析和反思。第一章导论部分对研究问题、田野点及研究方法进行介绍；第二章对牛村所在石山地区历时近40年的扶贫政策和扶贫成效进行整体性呈现；第三章从政策过程的视角对牛村所在石山乡的整乡搬迁地方政策调整进行层级性呈现和分析；第四章以牛村村庄主体性为切入点对跨区域整体搬迁政策的实践限度做出阐述和分析；第五章对石山乡整乡易地扶贫搬迁政策地方调整的异化问题、历时上的非连续性以及共时上的非协同性展开讨论；第六章结语提出了几个开放式问题，也是本报告以牛村为例对石山乡整乡跨区域易地搬迁政策及其成效的反思，具体包括：搬迁就能实现脱贫吗？脱贫户的生活满意度一定会提高吗？如何理解为了发展的干预？"改善"的目标实现了吗？以及做对了什么？

目 录

// 001　第一章　导　论

// 021　第二章　石山扶贫政策与贫困改造成效

　/ 024　第一节　石山地区整体性扶贫政策环境

　/ 0-41　第二节　析出发展：石山乡扶贫历程与阶段性成效

　/ 054　第三节　以村窥乡：牛村贫困图景的改写

// 099　第三章　石山整乡搬迁：政策过程及问题

　/ 102　第一节　政策设计：省级层面的弹性空间

　/ 115　第二节　政策变通：地级层面的强施力推

　/ 126　第三节　政策执行：县乡层面的矛盾姿态

// 137　第四章　跨区域整体搬迁政策实践中的村庄主体
　　　　　　　　性挑战

　/ 140　第一节　村民：传统生计空间的挑战

　/ 168　第二节　村干部：政策解释与执行的挑战

　/ 183　第三节　分化的主体及其行动策略

// 197　第五章　整乡易地扶贫搬迁政策变通的问题及相

　　　　　　　关讨论

/ 200　第一节　地方政策变通的异化问题

/ 215　第二节　地方扶贫政策的历时非连续

/ 225　第三节　易地扶贫搬迁政策的共时非协同

/ 238　第四节　整乡搬迁政策调整及新问题

// 241　第六章　结　语

// 255　参考文献

// 259　后　记

第一章

导　论

一　研究问题

中国的移民扶贫可以追溯到 1983 年开始的"三西"地区扶贫搬迁。当时，针对一些地方严重干旱缺水和群众生存困难的情况，国家探索实施了"三西吊庄移民"扶贫政策，100 万人口先后从甘肃中部和宁夏西海固等生产生活条件恶劣的地区搬迁了出去。[①] 从此，移民搬迁成为中国政府有组织扶贫的一种重要工作形式。

2000 年，我国开始有计划地实施生态移民，目标是通过对西部地区 700 万贫困农民组织移民搬迁来促其脱贫。原国家计划委员会（以下简称"计委"）于 2001 年 9 月发布了《关于易地扶贫搬迁试点工程的实施意见》，在国务院批准

第一章——导论——一

① 姬广武：《三西建设：当代扶贫的序幕》，《诤友》2015 年第 5 期。

下安排专项资金在内蒙古等 4 省（区）进行试点，对政策范围内认为生活在不适宜人类生存地区的贫困人口实施搬迁，随后在全国 17 个省（自治区、直辖市）陆续组织开展易地扶贫搬迁工程。2007 年，国家发展和改革委员会（以下简称"发改委"）制定了《易地扶贫搬迁"十一五"规划》，实施范围为西部农村贫困地区，重点是西部地区国家扶贫重点县，期限为 2006~2010 年。[①]2001~2015 年，全国累计安排易地扶贫搬迁中央补助投资 363 亿元，搬迁贫困人口 682 万人。还有一些地方也根据当地实际，统筹中央财政专项扶贫资金，以及扶贫移民、生态移民、避灾搬迁等资金实施了易地扶贫搬迁工程，全国累计共搬迁逾 1200 万人。[②]

2013 年，中央提出了新时期的扶贫战略——精准扶贫，易地搬迁成为精准扶贫"五个一批"的重要内容之一。2016 年，《全国"十三五"易地扶贫搬迁规划》出台，计划通过易地扶贫搬迁实现近 1000 万贫困人口的脱贫目标，2016~2020 年这 5 年期间的搬迁人口几乎接近过去 15 年的搬迁人口总数；而从中央政策出台到地方政策细化再到基层政策落地，实际留给各级地方政府和政策执行者的时间已远不足 5 年。对比以往的易地扶贫搬迁工程，新一轮易地扶贫搬迁明显面临时限紧、任务重、对象识别要求精准、安置资源约束凸显等艰巨问题和挑战。

本书调研点所在的贵州省是我国脱贫攻坚的主战场之一，具有贫困人口多、贫困程度深、贫困面积广等显著特

---

① 参见刘坚主编《中国农村减贫研究》，中国财政经济出版社，2009。
② 国家发展和改革委员会：《全国"十三五"易地扶贫搬迁规划》，2016。

征，按期保质完成脱贫攻坚任务的难度很大。精准扶贫战略实施以来，该省是全国易地扶贫搬迁规模最大的省份。不同于中央政策的指导，也不同于其他省份的实践，贵州省限于地形地貌等条件主要采取了城镇化安置方式；而石山地区所在的地州又是全省搬迁人口规模最大的州，在城镇化安置上更多涉及一些大规模的跨区域安置方式。此外，该地州还在既往全国各地整村（寨）搬迁经验的基础上，针对几个地处偏远山区的少数民族乡制定了特殊的整乡搬迁政策，将整体性搬迁的范围突破性地扩展至乡镇一级，而整体性安置的范围则更是跨越了县区市。本报告的调研点正是这类跨区域整乡搬迁政策对象中的一个村庄。当然，本报告的田野点具有相当的特殊性；但是对于这种地方政策调整之下的乡级整体搬迁政策对象类型而言，又具有一定的典型性。我们希望通过这样一个典型案例的剖析，能对当下中国精准扶贫政策的落地及其"工具包"的选择性使用过程，尤其是易地扶贫搬迁政策的实践过程进行相对充分的记录，并在此基础上展开必要的讨论与反思。

二　田野点概述

（一）石山① 概况

"石山"一词在不同的语境下具有不同的含义。说到

---

① 按照学术惯例，本书对田野点地名（州级及以下）、人名进行了技术化处理，后文行文中的相关地名、行政区划名和人名等信息均同此处理。

石山，最宽泛的概念是指"石山地区"。一般认为，石山地区位于贵州省南部地区和西南部地区的接壤地带，所涉6县主要为苗族、布依族自治县。在神话传说中，石山是条龙，"头饮红水河（今贵州省万县与广西交界一带）水，身卧和宏州（今贵州省南部三县交界一带），尾落大塘地"。贵州省民族研究所、贵州省民族研究学会编著资料显示，这一区域的总面积约为5000平方公里，总人口约为48万，其中，苗族人口约23万，布依族人口约18万，汉族人口约7万。"石山"一名的由来主要有两种说法，一说与长期在此地定居的苗族迁徙之初所带来的经济作物种子有关；另一说则望形生名，因见这一带山形陡峭、延绵不绝，满山乱石密布，故而得名。

指向行政区划时，石山即为原石山乡、现石山镇。在地理位置上，原石山乡地处石山地区的腹地，故而直接以石山为乡名。八七扶贫攻坚时期，为了争取特殊扶贫政策，石山乡从石山镇析出；2015年乡镇合并后，石山乡再次改称石山镇，辖区范围稍有调整。其地形地貌相对特殊：石山乡四周的县、乡、镇均有相对平坦的丘陵或坝子地，而石山乡全境几乎没有平地，绝大部分是岩溶峰丛和洼地；海拔上，这一片也是一块相对隆起的高地，平均海拔有1160米，最低处742米，最高处达1507米，是典型的低纬度高海拔地区。山高岩陡路难行，致使石山乡在很长时间内交通不便，绵延广袤的山峰中，少有大路通向域外，只有一条蜿蜒的公路连通经过山下的省道，再通往县城。

截至课题组调研时，当地实行"整乡跨区域搬迁"政策的对象主要涉及原石山乡范围内的 6 个村，覆盖 8000 多人口。因此，本报告后文指涉整乡搬迁政策时，均采用"石山乡"这一旧称谓，特指整乡搬迁政策覆盖范围的原石山乡 6 村。

（二）石山的行政沿革与统治图景

石山乡一带在清以前隶属广西。明时，今石山镇一带为广西泗城府辖地，地处最北端，由泗城府岑氏土司掌管，属今万县沙镇（与石山镇相邻）的王姓亭目是这一区域的地方统治力量，今沙镇与石山镇一带均由其统治。根据中国科学院民族研究所贵州省少数民族社会历史调查组等相关历史调查资料，王姓亭目的统治时间一直延续到民国四年（1915 年）。明至清初，石山镇所在地区先后由南府永州所辖，东、西、北三面均为贵州省的边界，实为边陲交界地带，因此历来多有"土目互争地，久持不决"之象。雍正五年（1727 年）七月，清政府重新划界，从此石山镇一带改隶贵州，并成为贵州三府交界处。独特的自然地理条件及区位条件，使得这一带成了理想的"桃花源逃避之地"，此地的苗族和汉族也都是 200 多年前陆续迁徙到这里定居下来的。

中华民国时期，国家对石山乡一带的直接控制陡然加强，由此也引发了持续不断的武装冲突。1933 年红七军、红八军部分官兵进驻万县，在石山乡建立了红军连队和党支部，与同设在万县境内的另一革命据点相呼应，开展了长达 8 年的革命活动。1937 年，国民党加剧"征兵、征粮、

征税捐"（以下简称"三征"），石山乡周边相继出现了 13
股反抗国民党"三征"的大小农民武装。1939 年 3 月，今
石山镇牛村的苗族三兄妹带领当地群众公开喊出"抗兵抗
税"的口号，吸引了当地多股势力和广大群众加入，后于
是年 5 月宣布成立民团（后改称农民自卫团）。在民团活
动的支撑下，反抗"三征"的农民有了依靠力量。这一时
期，地方国民政府派到各地抓兵、派款、抢粮的保警乡丁
也不敢轻易进入石山乡区域。1940 年春，民团先后除掉了
强征各家独子当兵的保长，伏击了进山收缴大烟税的国民
党保警兵。此后一段时期，石山的群众不再向国民政府交
捐纳税，乡保长和县警乡丁也不敢再到石山征税征兵了。
石山乡区域虽在贵州省政府的治下，但实则成了"化外
之地"。

　　也正因石山苗民的反叛日盛，国民政府于 1940 年专设
万县，以打压反叛，同年开始多次对石山开展围剿。1943
年，万县遭遇百年罕见的自然灾害，民不聊生；而当时国
民政府却组织人员到乡村"三征"，到处拉民工修筑公路，
再次引发民怨。民团组织攻打乡公所，杀掉了县政府下
乡催粮派款的专员，收缴了保警队特务班的武器；同时，
2000 多名筑路民工和民团一起攻占了万县县城。后国民政
府派专员坐镇万县指挥，国民党重兵围剿石山民团；同年
4 月，国民政府成立"西南清缴指挥部""贵州省西路清缴
指挥部"，围剿石山的农民武装，到第二年 9 月，国民政
府下令烧山洗寨，自卫团战士和百姓再度遭受重创；直到
1945 年 4 月，因力量过于悬殊，石山的民团武装斗争才被

镇压。

新中国成立初期,石山也曾发生过民众因对基层政权脱离实际不满而引发武装骚乱的重大事件,此类事件至今对当地居民的地方性观念和行动还有影响。

1951年,万县解放伊始即开始社会主义改造进程。但由于当时的合作化运动一方面仅有形式上的合作化,许多具体问题尚未得到妥善处理,民众对于合作化仍处在观望和适应期;另一方面,当地的合作化推进猛烈,严重脱离了地方发展的实际,片面追求速度,更是加剧了民众的反感。在石山这样一个少数民族聚居的偏远山区,强推合作化过程中问题则更为突出:一来征购粮食过多,严重超出当地农业的生产能力和农民的负担能力;二来官僚主义严重,干部布置工作一般化,甚至提出不尊重当地民族风俗习惯和劳作传统、严重脱离实际的生产要求和任务限期。因对该地区地方统治历史和武装力量历时性发展的重视不足,加上新的基层政权在工作推进中出现的严重缺疏,石山一带的行政举措遭到当地民众的抵制,少数民族群众的不满和对抗情绪不断累积,最终引爆了一场严重的武装骚乱。

据万县史志办资料记载,1956年2月下旬,曾参加过石山农民自卫团的牛村一杨姓苗族村民带人前往礼县"拜会"一位年过六旬、自称是"皇母娘娘"的熊老婆子,之后回到牛村就对村民宣传说,"王母娘娘下凡降旨了,现在中国出了皇帝,6月6日登位……皇帝登位后不要公余粮,不要人民币,不办合作社,不生产,不种地,吃不完，穿不尽；住的是大瓦房，还有学校进，石头变大米，野草变衣被，青菜变肉片，猪鸡不用喂"等；不久后，他们又在石山乡等地宣传："合作化，合作化，双季小米双季苞谷全是假。合作化，合作化，天要塌，地要垮。只有皇帝来，万年米，大楼房，绫罗绸缎身上挂。"许多农民本来就对农业合作化不满，且又缺乏科学文化知识，对这些传言深信不疑，结果石山一带有上千农民丢下农活，纷纷前往牛村礼"神"。到5月，他们提出"第一枪打合作化，第二枪打公债，第三枪打统购统销"的口号。到7月，石山发生武装骚乱；9月，骚乱武装意图攻打万县县城被拦截，随后在当地政府的武装打击下逐渐降温，至1957年1月才完全平息。石山骚乱事件共历时10个月，所涉地域不仅包括万县的4个区、29个乡，还包括周边本省和邻省四县总共接近50个乡。而万县本县参加武装骚乱者就达3300多人，共发生大小武斗110次，伤亡194人。

从石山地区的行政沿革、民族构成以及地方统治和武装力量的相持情况来看，石山地区的民众整体上对内趋于团结、对外易生叛逆，这"一方人"具有较强的内在秩序性和内部同质性，对外部管控和干预的接受性较低，易生排斥和挑战。这一点对于现代社会的国家治理和社会治理依旧具有一定的参考意义，尤其是在相关政策的制定和实施上。

（三）石山的水土与贫困图景

在实施精准扶贫战略之前，石山地区的贫困长期被归因为其"水土"的贫瘠和匮乏，即所谓的"穷山恶水"；

而国家对石山扶贫的相当一部分投入也主要用于对其"水土"的改造和基础设施及其配套的补缺或改善上。而当下的整乡搬迁，则基于对"一方水土养不起一方人"的判断，转换了"改善"的方向，不再尝试投入改善所谓"贫瘠穷恶"的水土，而是通过易地搬迁彻底变换并改善此间居民的"生产生活空间"。这里就有必要一问，石山的"水土"究竟有多么穷恶？是否真的不再能或不再值得改造呢？

石山全乡东西长 25 公里，南北宽 7 公里，面积约为 103 平方公里，平均海拔为 1160 米，是比较典型的低纬度高海拔地区。从气候来看，石山乡气温相对较低，年平均气温约为 15.3 摄氏度，年均降雨量约为 1422.7 毫米，是全县的低温、多雨雪区之一，与县内其他地区的高温湿热型气候完全不同。从地貌来看，就整个石山地区而言，石山乡是典型的峰林峰丛洼地岩溶地貌，全乡国土面积近八成（78.6%）均为喀斯特地貌，地质特征十分突出（见图 1-1），是一个典型的深山区和石山区；全乡各处相对高差达 30~200 米，坡度较大；[1] 在峰林峰丛之间，有圆形或半圆形洼地呈块状分布，这些洼地的土层相对较厚、土质较好，当地人称之为"坨地"（见图 1-2），也是这一带农民耕作时的首选之地；而按照当地人小社会的居住策略和内部组织安排，基本上每个寨子都会有一两片这样的"坨地"，整个寨子的每一户人家也都能分得一小块位于"坨地"中的耕地，以保障一家人的基本口粮。

---

① 相关数据由当地政府提供。

图1-1 石山地区的喀斯特峰丛

图1-2 石山乡的"坨地"

在这样的特殊地貌之下，石山地区的土地资源和水资源的确较为紧缺。就土地资源而言，石山乡的土地严重碎片化，面积最大的可耕作平整地块不过100亩；且耕地中以旱地居多，水田很少；全乡的耕地面积为41749.1亩，主要为坡耕地，其中旱地有34850.6亩，水田仅有6898.5亩，占全乡耕地总面积的16.5%。而且，石山乡的土质较差，乡内土壤以粗骨黄壤性土和黑色石灰土为主，前者有机质含量约为3%，后者约为7%，这两种土壤有一个共同特点，就是严重缺磷，[①] 非常不利于植物的生长发育和新陈代谢，以及抵抗外部环境的恶劣条件。就水资源而言，石山降雨量并不低，但是地表径流稀少、地下难以储水，故而容易出现干旱缺水。因此，长期以来石山流传下来了"土如珍珠、水贵如油"的地方性俗语，水和土地是石山民众最为珍视的生存和生产资源。

然而，石山的"缺水少土"并非历来如此；而且，尽管生计艰难、发展迟缓，但是经年下来，这"一方水土"也还是养活了这"一方之人"。

从一方水土与地区贫困的关系来看，石山地区现今之贫困图景的成因之一恰恰是所谓的"发展"行动带来的，其中祸首之一就是生态破坏招致的石漠化。

向前追溯到 20 世纪 50 年代，石山地区的生态环境都还很好。从一些当地老人的讲述中可约略了解到，直到新中国成立初期，当地村寨周围的山上还是植被茂盛、丛林密布，看不到多少裸露的地面，地表也见不到光秃的石头；山中还有不少野生动物，甚至一些村寨不时还会有野猪、老虎等大型猛兽出没。可是，在不同发展时期的几次大型干预行动之下，情况很快就发生了变化。20 世纪 50 年代末期的全民大炼钢与"大跃进"运动、20 世纪 80 年代土地承包到户之后农村经济激活与农村建房热潮、20 世纪 90

---

① 缺磷土壤：一般是指土壤有效磷（P）低于 10mg/kg 的土壤。磷是植物体中许多重要化合物的成分，而且以多种方式参与植物的新陈代谢过程，包括参与光合作用、呼吸作用、能量储存和传递、细胞分裂、细胞增大等；此外，磷对于植株的早期根系形成和生长有重要促进作用，可提高植物适应外界环境条件的能力，有助于植物耐过冬天的严寒。

年代产业扶贫试验下的大规模养殖活动，这些外部政策干预与地方内生动力相交织下的人类行动都与个人、家庭、地方社会乃至国家的"发展大计"紧密相关；但遗憾的是，这些发展行动和社会干预却催生了石山地区的生态问题，带来了严重的生态赤字——大片的植被被破坏、大量的林木被砍伐，在"赶超"的年代烧铁炼钢，在经济活跃期烧瓦建房；开垦山坡转作耕地、养殖牛羊壮大产业……石山民众的生活条件和经济水平在不断改善，砖瓦房也日渐取代了茅草房，但这背后的代价却也极其高昂——原生的植被被过度地人为砍伐，次生的植被又被过牧的牛羊啃食，水土储备能力越来越差；随着当地人口的快速增长、人类活动范围不断向深山区推进，石山地区的整体生态环境出现了急剧恶化，地表植被破坏退化严重，水土流失日趋严重，村寨附近、山坡之上，目光所及之处都裸露着山石，石山地区成了彻底的"石山"。至此，石漠化也开始成为这一片区的新特征和贫困标签；而此后的改善和发展政策也都主要围绕应对石漠化的系列治理而展开。

好的一方面在于，尽管生活艰难，但一代一代的石山人始终在努力营生，石山地区绝对意义上的贫困现象也在快速变化。如果仅以吃饱穿暖而论，石山人整体上早已走出了那个时代。尽管由于海拔较高、温度较低，冬天降水量少、霜期较长，且全乡境内峰峦叠嶂，山体遮蔽大、光照时间短，不利于农作物的生长，石山乡一年只能耕种一季粮食，而且大部分地域只适宜种植玉米，全乡仅有很少一些海拔相对较低、水源相对较好的地块才能少量地种植水稻，但保证基本口粮对于当地居民而言并不成问题，"地里刨一刨，家里再养点儿，怎么也够吃了"，除非是在遭遇极端天气、出现农业风险的情况下。而且，自20世纪90年代中后期至2015年的20余年间，国家和省市地方政府在石山地区有针对性地推出了多项扶贫政策，先后实施了退耕还林、小水窖工程、危房改造、生态移民等系列改善计划，投注了大量的财力、人力和物力，以持续推动石山地区的"水土"和生态改善、基础设施建设以及生活配套设施设备的补缺，这些也都极大地帮助当地居民改善了生活和生产条件。

发展至今，石山地区在生存环境、生活条件、基础设施、公共服务和发展前景等诸多方面都已发生了翻天覆地的变化，当地的老百姓对此也深有感触。事实上，如果放在地区发展史中历时地看待石山的发展阶段，很容易就能清晰地看到，如今的石山充满了生活的希望和发展的机遇。

（四）今日牛村：石山腹地的生活图景

牛村位于万县石山镇政府的西北方向，距离镇政府所在地有15公里，距离万县县城有42公里，于2015年由原牛村和兴村合并而成。

牛村既是边缘，也是中心。历史上，牛村地处两州交界地带，东牛村和西牛村分属两州管辖，直至民国时期设立万县后重新划界才合二为一。行政上，牛村有说曾是州治或某级治理机构治所的备选地，至今流传有"广东街"

的传说和相关遗址；牛村也曾是石山公社和石山乡政府的治所所在地，地区内的政治地位突出。区位上，牛村是"上"石山的入口，也是石山镇的"门户"，又是周边乡镇的赶场、赶集之地，为地区性交通要塞，民间贸易往来相对繁盛。

牛村全村土地面积为21.52平方公里，耕地面积3460亩，辖内有12个村民小组、20个自然寨，共有村民580户、2749人。[①] 从民族构成来看，牛村人口主要为苗族和汉族，其中苗族人口占全村总人口的57.6%，又细分为红苗和黑苗两个不同的小族群。12个村民小组中，有4个组的人口均为黑苗，3个组均为红苗。黑苗和红苗之间的区别比较明显，他们至今也仍各自保有文化和社会关系、居住安排上的族群特征。而在跨族群的交往上，汉族视两苗相对同质和平等，分别称其为黑族、红族；两苗与汉族的交际距离远于两苗之间，但也有差异；红苗自称"蒙哪"（音），称黑苗为"蒙努"（音）；黑苗自称"倒蒙"（音），称红苗为"蒙乃"（音）。整体上，苗、汉不同族群之间既有相融之处，也有存异之处，具体见后文。

石山腹地的牛村石漠化现象严重，耕地呈碎片化，且多为旱地；水资源条件与同乡其他几村相比较好；山林资源尽管也遭遇了20世纪下半叶的严重破坏，但在原有资源禀赋上不断推进退耕还林，相对周边村寨目前尚属较好。

在生计方式上，牛村主要种植玉米和稻米，日常主食

精准扶贫精准脱贫百村调研·牛村卷

---

① 资料来源：截至2017年8月22日的牛村村庄农户信息表。后文所使用村庄数据，如无特殊说明，均来源于此。

已经完全吃稻米了，玉米主要用作饲料，少量会酿酒；养殖品种主要有黑山羊、牛和猪，不过，牛村农户家庭早已不再仅仅依靠传统种养殖维生了，尽管全村95%以上的农户家庭都还在从事农业种养殖，但纯种植户大概仅占全村农户的10%。从20世纪90年代起，政府就开始在石山推行劳务输出的扶贫方式，外出务工在石山乡已是非常普遍的现象，牛村一半以上的家庭有成员在江浙一带务工，务工也已成为他们最重要的家庭收入来源。此外，牛村经商的人家也越来越多，主要是在县城、附近的乡村集镇及本村从事一些商贸活动。

三 研究方法

本书以社区或者说村落社会共同体为研究路径，结合田野调查方法，从中国国家和地方扶贫政策演变分析的视角切入，尝试在一个更大的时空体系中，整体性地观照并理解村庄共同体中利益相关各方作为行动者的行动逻辑和行动方式，继而对外部政策之于村庄内部不同社会成员的政策影响进行解析。

本书主要采用了文献研究、田野调查和问卷调查等研究方法。针对政策素材的收集和分析，主要采用了文献研究方法，具体包括：①尽可能全面地收集从中央到省、市、地（最低至乡镇一级）各级地方政府的扶贫文件、发展规划、工作总结、统计数据等相关文献资料；②收集关于石山和牛村的历史文献资料，包括古代以及现代编撰的地方志、地方史志部门编撰的相关文献资料、地方学者收集整理的相关历史资料等；③围绕本书研究主题收集国内外相关学术研究成果。

针对相关政策的执行过程和落地情况，主要采取了参与观察法和深度访谈法。一方面，笔者借助各种机会，对省、州、县、镇四级政府中与本研究相关部门的官员和工作人员进行或广泛或深入的访谈，获得了大量的重要信息和第一手资料，对田野点的相关扶贫政策的制定、调整、落地实施及整个政策执行过程中的多方运作逻辑有了直观的体察和深入的了解；另一方面，作为多个相关课题组[①]的关键成员，主要从2016年1月起开始对本书田野点的扶贫工作进行跟踪，其间也有长时段的驻村调查经历，通过多次随机入户访谈，在调研点村庄的生活现状、族群文化及移民搬迁等方面积累了重要的参与观察经验素材。此外，笔者及课题组部分成员也对跨区域易地搬迁安置社区的数十家住户（不全为从牛村搬迁出去的家庭）进行了访谈，重点了解增补了搬迁后的实际安置落实情况及存在问题等。

针对田野点的结构性呈现方式，笔者所在课题组也进行了一些量化数据的采集工作。一是根据研究主题的需要制作不同专题的统计表格，主要包括贫困户家庭情况、农户生计情况、村民打工情况、村民建房和危房改造情况等

---

① 相关课题组的主要团队成员还有：王春光、孙兆霞、曾芸、马流辉、王晶、李振刚、梁晨、毛刚强、卯丹、吴彪、阮运彬等师友，本书所使用的访谈资料也主要为几次相关调研的集体成果。特此说明，一并致谢！

10 多种统计表格，在田野工作过程中请求村组干部的配合，在村民的支持下对全村所有相关人员的不同情况进行分专题统计；二是于 2017 年 8 月集中开展综合性的行政村和住户问卷调查，采用总课题组统一制作的调查问卷进行抽样调查，以期通过上述数据形成对田野点整体状况的具体把握。其中，住户抽样调查问卷共发放 69 份，回收 69 份，均为有效问卷；针对建档立卡贫困户采取等距抽样，共发放并回收问卷 33 份，33 户住户覆盖了建档立卡贫困户全部类型；针对非贫困户采取分层抽样，在每个村民小组按经济收入高、中、低进行抽样，共发放并回收问卷 36 份，覆盖 12 个村民小组 36 户不同经济状况家庭户。这些住户综合调查问卷是我们全面认识牛村村民生活生产现状、享受各类扶贫政策及对不同政策主观自评情况的重要补充。

第二章

石山扶贫政策与贫困改造成效

新中国成立后至改革开放前夕，地处偏远深山的石山乡村民在迟缓的发展中长期游走于贫穷边缘，日复一日的劳作带来的也只有"没有发展的增长"，温饱问题仍未能彻底解决。好的年景下，百姓们过得稍微轻松些；不好的年景里就会面临青黄不接、吃不上饭的困境。

改革开放后，中国开始进入以经济建设为中心的发展时期，认识到发展是兴国之要、立邦之本，也是党和国家兴旺发达和长治久安的根本要求，并将发展作为中国特色社会主义的工作重点来抓；特别是 20 世纪 80 年代初农村改革势如破竹般在全国推进，家庭联产承包责任制极大地解放了农村劳动力、激活了农业生产力。此后一个阶段，中国广大农村地区迅速摘掉了贫困落后的帽子，逐步走上发家致富奔小康的道路。

然而，在"发展是硬道理""允许一部分人先富起来"的政策纲领下，中国改革开放以来的发展在区域之间、城乡之间事实上是不平衡的，尤其是，部分农村地区因为历史、自然和经济、社会等方面的综合环境和制度原因，贫困现象仍很突出。而在"先富带动后富""最终实现共同富裕"等政治话语和经济民生议题下，贫困治理开始进入国家治理和发展行动的视野，尚在温饱线下的贫困人口就成了国家扶贫工作的重点对象。作为贵州省的贫穷"标签"和扶贫的最前线之一，石山地区正是在此背景下再次成为关注焦点的。

第一节　石山地区整体性扶贫政策环境

从 20 世纪 80 年代中期开始，中国在全国范围内开展了有组织、有计划的大规模扶贫开发；到 1992 年底，全国温饱线下的贫困人口从 1978 年的 2.5 亿锐减至 8000 万。这些尚存温饱问题的贫困人口主要分布在自然条件差、生存环境恶劣的地区，石山地区便是其中之一。

为尽快解决这些地方群众的温饱问题、不断缩小地区发展差距，中国政府于 1994 年起启动实施《国家八七扶贫攻坚计划》（后文简称《八七攻坚计划》），尽可能集中人力、物力、财力，动员社会各界力量，开展大规模扶贫攻坚，力争用 7 年时间（到 20 世纪末）基本解决当时全

国农村 8000 万贫困人口的温饱问题。这是中国政府在 20
世纪末对绝对贫困问题发起的一次攻坚，也是中国历史上
第一个有明确目标、明确对象、明确措施和明确期限的扶
贫开发行动纲领。①

    贫困治理和扶贫开发行动需要先摸清政策对象的实际
情况。在地方政府的摸底工作中，石山地区的贫困问题得
以真实地暴露出来，之后石山开始被纳入国家的地区整体
性开发扶贫进程，并获得了各级政府和社会各界持续 20
多年的长期投入和多方扶助。

一　石山经济社会发展调查与贫困问题

    20 世纪 90 年代初，贵州省政协组织相关力量对省内
一些贫困地区开展了大规模的经济社会调查。1993 年 8 月，
由贵州省民委、省政协民族宗教工青妇委员会组成石山地
区调查组，一行 60 余人在一位省政协副主席、两位省民
委副主任的带领下，对石山地区 6 个县、23 个乡镇进行了
经济社会发展状况调查，历时整 60 天；调查结束后，调
查组形成了系列调查报告并提交给贵州省政协，同时还使

---

    ①　《八七攻坚计划》指出，扶贫攻坚的奋斗目标：一是到 20 世纪末，使全国绝
      大多数贫困户年人均纯收入按 1990 年不变价格计算达到 500 元以上，扶持贫
      困户创造稳定解决温饱问题的基础条件，减少返贫人口；二是加强基础设施
      建设；三是改变文化、教育、卫生的落后状态，把人口自然增长率控制在国
      家规定的范围内。《八七攻坚计划》也提出了继续坚持开发式扶贫方针，并
      明确扶贫开发的基本途径和主要形式以及信贷、财税、经济开发方面的优惠
      政策，并对资金的管理使用、各部门的任务、社会动员、国际合作、组织与
      领导做出规定；另外还提出今后 7 年里每年再增加 10 亿元以工代赈资金、10
      亿元扶贫专项贴息贷款等。

用影像资料制作了电视专题片。调查结果一经公开，石山地区的整体性贫困现象一时间引发了省政府、中央政府以及全社会的高度关注，被置于突出位置。

从该调查组的内部调查报告来看，石山地区的贫困现象十分突出，具体表现在以下 10 个方面。

一是贫困面大，极贫户多。20 个乡镇未脱贫人口占农业人口的 60%，其中极贫户（即人均口粮不足 200 公斤、人均纯收入不足 200 元）占到近一半（46.2%）。

二是收入水平低。1992 年石山地区农民人均（年）纯收入为 255.24 元，仅相当于当年全省平均水平的一半（50.43%）。

三是口粮水平低。20 个被调查乡镇 1992 年的人均产粮为 223.45 公斤，当年缺粮 3 个月以上的农户占总户数的 1/5（20.4%）。

四是饮水困难，20 个乡镇 280 个村中有 148 个村存在人畜饮水困难问题。饮水是石山地区仅次于粮食问题的第二大生存性难题。

五是缺衣少被、缺油盐。因为缺少现金收入，20 个乡镇无棉衣、无棉被的农户约占总户数的 15%。

六是住房破旧、家具简陋。5 个县 80% 以上的农户住的还是茅草房，还有少数农户住在山洞里。当地传唱的民谣"吃愁穿愁睡更愁，脑壳垫个木枕头，苞谷壳窝过一夜，火燎烟熏泪直流"形象地道出了石山民众的住房困难状况。

七是缺少耕牛、农具等生产资料。

八是缺医少药。20个乡镇只有21个村卫生室，基础设施落后，医疗设备简陋，卫生条件很差，基本无法提供基本公共卫生服务。

九是文化教育落后。各级教育普遍面临"四缺"问题，即缺教学场所设备、缺教师、缺经费、缺学生（学生因交不起学杂费而辍学）。受过高等教育者只有110人，占总人口的0.0005%；受过中等教育者有16879人，占总人口的7.6%；文盲半文盲则占到总人口的近七成（67.2%）。

十是交通、通信落后。除乡镇政府所在地外，90%的行政村、自然村和村小组、寨子都不通公路，农民如果要到乡镇去，远的要走几十公里的山路。

整体上，对于20世纪90年代初的石山地区而言，各种生活生产资源、各类基础设施设备和各项基本公共服务均处于稀缺状态。相形之下，石山镇因其区位上的相对优势而占据了超过地区平均水平的资源，但贫困现象也依旧突出，同样具有贫困面大、贫困程度深的特征，调查组掌握到的贫困问题主要集中在以下几个方面。

一是现金收入低、吃用住困难。全镇农户人均年收入不足100元。全镇人口中，有近1/4（23.2%）的农户家庭每年人均粮食在150公斤以下；有1/5（20%）的人（2994人）年均缺粮达到3个月及以上；有近1/10的人（1400人）家中无棉被、缺少厚衣物御寒；全镇29个村有15个村的近万村民饮水无法保障，旱季时须到至少3公里外的水源点挑水，而且水质很差，无法保障用水洁净和安全；有50余户人家尚住在"叉叉"茅草房中，还有1户人家住在岩洞中。

二是路、电、车不通，生活出行不便。全镇境内公路共长仅30公里，29个村有26个村（89.7%）不通车，90%以上的自然寨只能依靠羊肠小道通往外界，而且山高坡陡，通行非常困难；90%以上的村寨不通电，还有3个已通电村庄也因电杆损毁等原因不能继续用电。乡民仍在延续传统农业社会日出而作、日落而息、闭塞不出的生产生活，要想走出大山，便只能靠稀缺的牲口或是双腿了。

三是人口增长率高，使得人地矛盾突出，加剧资源紧张程度。全镇人口出生率常年在15‰以上，但身体素质差，人口普遍文化程度较低，家庭无力支付学费因而学生辍学率较高。全镇有5所公办小学、28所民办小学。其中，1所公办小学的校舍已成危房，17所民办小学无正规校舍、借用民房上课；民办教师的数量已超过全镇教师总数的1/3（36%），这些教师的月工资收入水平也仅仅相当于40斤大米的价格。因为学费超出了很多家庭的负担能力，很多学生不得不辍学。调查组的调查资料显示，调查当年，5所公办小学共有毕业生140名，考入中学者有95人，其中有44人因家庭无力支付学费而不再就学，还有30人入学后无力继续就读而辍学。从升学率来看，调查当年全镇小升初升学率达到近七成（67.9%），但实际上，在95名获得资格的升学者中有将近一半（46.32%）的学生因为家庭经济原因而不得不放弃升学，还有超过三成（31.58%）的学生努力升学后却又无力地辍学了，这类学生占到当年 51 名入读中学者的 58.85%；在调查当年，真正实现了小升初的学生最后也仅有 21 人，只占当年全体毕业生的 15%，占所有获得升学资格者的 22.1%。石山地区的贫困代际传递现象尤为突出。

四是医疗资源匮乏。由于撤乡并镇，原来分布在小乡的医院被合并迁移到镇，加上交通条件本来就比较差，许多山村群众看病因路远而愈加困难；加之村民现金收入水平低，也多无钱治病。即使是镇里的卫生院，医务人员总共不到 20 个，床位只有 10 张，设备非常简陋，药品不足，全年平均每天应诊人数约 20 人。

在此次专题调研的基础上，为使石山地区尽快脱贫，调查组提出六条建议：一是重视对石山地区贫困现状的认识，把扶贫开发作为石山地区压倒一切的中心工作。二是将石山作为特殊的小区域进行综合治理，专门建立负责石山地区的扶贫机构，采取特殊政策和灵活措施，把石山地区作为贵州省解决贫困问题的重点和突破口。三是资金和物资重点倾斜投入。四是进一步放宽政策，降低扶贫资金的拼盘和地方匹配比例，扩大无偿扶持资金比例，由国家专项拨款投入基础设施建设，并积极减轻农户的税费负担。五是加强石山地区扶贫开发的宏观指导。六是动员社会力量，帮助石山地区脱贫和发展。

此轮专题调研报告提交后，1994 年，贵州省政协常委会经过讨论，向省委、省政府提出了针对省内两大山区重点扶贫工作的建议。1994年2月，驻黔全国政协委员视察组前往耀山视察，形成了若干视察报告以及重要且有影响的影像、图片。针对石、耀两山地区的深度贫困现象，贵州省委书记、省长分别做出指示，"要采取特殊原则，特殊措施，力争三五年内有个变化"；"要加强领导，总体规划，分步实施，明确责任，社会重视，各方支持，特殊原则，限期脱贫"。之后的3月，在全国"两会"期间，贵州省政协、省民委共5位领导带着1993年调查组对石山专题调查形成的文字和影像资料，向中央领导翔实汇报，当时也有新华社记者专门写了内参清样报送中央领导。至此，石、耀两山的深度贫困问题引起了中央的高度重视，认为两山极度贫困状况在全国少有；此后，在中央有关部门的资金、项目以及以工代赈安排中，也因此对贵州"两山"地区做了优先考虑。

二 八七攻坚：石山区域性扶贫开发

1994年2月，作为对贵州省政协调查组关于石山扶贫建议的积极回应，同时为落实贵州省委书记、省长针对两山深度贫困现象做出的指示，贵州省扶贫办组织人力形成了具体报告并上报省政府，对两山地区的扶贫开发提出如下建议。[①]

---

① 贵州省扶贫开发办公室、农业办公室编《扶贫攻坚文件汇编》（内部资料），第98~100页。

（1）建议省建立两山地区扶贫开发试验区，设试验区领导小组及办公室，由省主要领导任正、副组长，省直有关部门负责人为小组成员。

（2）省主要领导和有关厅局以及涉及两山地区的地州要建立两山地区扶贫开发联系点，指导、帮助两山地区的扶贫开发工作，不脱贫不脱钩；县、乡镇村领导要逐级签订责任状，限期脱贫。

（3）两山涉及的县扶贫开发、统计局要在当年6月底前摸清两山地区贫困户的底数，做好乡造册、户建卡工作。

（4）加大两山地区投入。扶贫资金、物资、基本农田建设以工代赈粮食、农业综合开发资金、发展资金、老少边穷地区贷款、民政救济金以及各部门用于开发山区资源的专项资金，都应向两山涉及的县重点倾斜，县要向两山所属乡镇重点倾斜。争取解决两山地区人畜饮水问题，使所有的村通简易公路。特别是一些基础设施项目，必须单列，建立两山地区扶贫开发基金，由省财政每年从发展资金中拨1000万元，连续5年，用于解决两山地区的人畜饮水，改善交通、医疗卫生等生存条件。

（5）积极开展向两山人民献爱心活动。

（6）允许发行两山扶贫开发债券、股票、彩票。

（7）开展异地开发。

（8）组织劳务输出。由国家投入一定的资金，作为两山劳务输出的启动资金（培训费、路费、生活用品费），力争3年内达到每户输出一个剩余劳动力。

（9）在石山地区范围内的世行、亚行项目区，要把项目覆盖到乡镇村组户。

（10）实行特殊政策。①对年人均纯收入不足200元、口粮不足100公斤的特困户，五年内免征农业税和粮食定购任务。②放宽两山地区招工、招兵、招干条件。③省内大中专院校招生对两山地区考生实行定向招生，并降低三个分数段录取……⑧对于人均耕地不足半亩，自然条件极其恶劣，一方水土养不活一方人的村寨，在做好规划的前提下，逐步采取搬迁的措施予以解决。

同年11月23日，贵州省成立两山扶贫开发试验区领导小组，由副省长担任组长。此后，石山和耀山的区域性整体扶贫工作基本按照如上报告建议的内容迅速推开，在社会捐赠和帮扶、政府扶贫资金和项目倾斜、定向帮扶与定点挂钩、组织劳务输出等方面做出大量努力，并取得了明显的阶段性扶贫成效。

两山地区涉及贵州省3个市和地州（安市、黔州、宁州）的7个县共25个乡镇，①其中仅有2个乡镇属于耀山地区，其余23个乡镇均属于石山地区。因此，在针对两山地区的区域性整体扶贫开发中，石山地区实为主体。

---

① 后因1996年乡镇行政区划调整，石山镇拆分为石山乡和新镇，"两山"所涉乡镇增至26个。

（一）组织捐赠和社会帮扶

1994年3月，贵州团省委、省总工会、省妇联、省民委、省民政厅等5家单位联合发起了"向两山地区人民送温暖、献爱心"活动，并于3月30日举行了捐赠仪式，省委书记、省长等省主要领导均出席参加仪式。此后月余，贵州省各地的机关、企事业单位纷纷组织了一系列的捐赠活动。相关资料显示，截至4月10日，"向两山群众送温暖献爱心活动"领导小组办公室已收到来自各单位及个人捐赠的现金6万余元。

据相关报道和文字记载，4月12日，领导小组办公室组织举行首批捐赠物资发送仪式。据相关报道记载，向各县乡镇运送的捐赠物资共计95车，有衣物、被褥、农具、书籍等各类生活、生产物资计约41万件，折合人民币达400多万元。4月13日，装满捐赠物资的7辆货车到达万县礼镇，包括1万多件衣服、5000多条裤子，以及一批新棉絮和胶鞋，还有书包、书籍等学习用品；同日，由贵州团省委、贵州日报社等20多家单位和个人定向捐赠的物资也同时抵达了万县的石山镇和沙镇。4月15日，由贵州省铝厂2万多名职工捐赠的10万余元现金和8万多件衣服，装满了10辆货车，再次送往万县……在这一轮社会捐赠活动中，全省共有500多家单位、50多万名职工和普通民众参与了捐赠，活动组织方共收到衣物被服等各类物资157万余件，收到捐赠金55万余元。[①] 这些资金以及生活、生产物资和学习用品短时间

---

① 刘苗鑫：《巍巍大关魂——贵州扶贫攻坚纪实（一）》，《当代贵州》2000年第3期。

内得以快速输送到石山地区极度贫困县乡镇的百姓家庭，一时间明显充盈了他们此前极度匮乏的吃穿用度各项资源，改善了老少居民的短期生活条件、生产条件和学习条件。

而在媒体对此轮捐赠活动的报道和宣传之下，"两山"的贫困状况为更多的国人所了解，也日益引起更为广泛的社会关注。在这以后，来自全国乃至海外的资金和各类物资持续不断地流向"两山"地区。从当时的统计资料看，仅在1994~1996年，社会各界对两山的捐赠就达1449.93万元。[①] 在田野调查中我们也得知，直到21世纪初，石山还能断断续续地接收到一些社会捐赠的各类物资。

（二）政府扶贫资金和项目倾斜

自1994年"两山"地区扶贫开发试验区成立之后，在整个国家八七扶贫攻坚时期，贵州省在各级、各类扶贫资金安排和扶贫项目配置中，都有针对性地向"两山"地区做了重点倾斜。

1. 资金类型和投向

就政府分配的扶贫资金而言，主要有国家扶贫信贷资金、财政扶贫专项资金和以工代赈[②]资金（或物资），其中均包含不同项目的"两山"试验区专项资金；此外，还有温

[①] 贵州省扶贫开发办公室、农业办公室编《扶贫攻坚文件汇编》(内部资料)，第195~198页。

[②] 以工代赈是指农村受赈济者通过参加政府在当地投入建设的基础设施工程的工作而获得劳务报酬，以此取代直接领取救济的一种农村扶贫政策，即国家安排以工代赈投入建设农村小型基础设施工程（如道路、小水利等），贫困农户参加以工代赈工程建设获得劳务报酬，以直接增加收入。

饱工程^①资金（或物资）、支援不发达地区发展资金、世界银行和亚洲开发银行西南扶贫贷款资金等。从对国家扶贫信贷资金、财政扶贫专项资金这两类资金的不完全统计（见表2-1、2-2），即可看出国家对"两山"地区的投入力度之大。

表2-1　扶贫信贷资金"两山"试验区专项资金年度分配统计

单位：万元

年度	安市	黔州	宁州	合计	当年切块到地县总额
1994	—	—	—	700	12700
1995*	380	360	1540	2280	15000
1996	—	—	—	700	—
1997	200	200	1000	1400	62745
1998	200	200	1000	1400	50300
1999	400	400	800	1600	59615
2000	400	200	1080	1680	93232

注：*本年度的资金计划没有单列，而是注明了三个市州的资金，其中包含"两山"资金在内，即"戴帽"资金。

资料来源：根据贵州省扶贫开发办公室、农业办公室编《扶贫攻坚文件汇编》中各个年度的资金分配情况汇总统计得来。

表2-2　财政扶贫资金"两山"试验区专项资金年度分配统计

单位：万元

年度	"坡改梯"专项			"两山"极贫乡镇专项			当年切块到地县总额
	安市	黔州	宁州	安市	黔州	宁州	
1997	135	90	360	180	120	480	12820
1998	135	90	360	180	120	480	11250
1999	135	90	360	180	120	480	15930
2000	135	90	360	180	120	480	25995

资料来源：根据贵州省扶贫开发办公室、农业办公室编《扶贫攻坚文件汇编》中各个年度的资金分配情况汇总统计得来。

---

① 温饱工程主要用于增加粮食产量、解决温饱问题，针对"八七"扶贫期间贵州省扶贫工作中"年度下达越过温饱线人口"这一指标而实行。根据贵州省扶贫攻坚计划提出的目标，要求"以贫困人口计算，1994年和1995年分别要有80万和120万贫困人口越过温饱线，1996~1998年平均每年要有200万贫困人口越过温饱线，1999~2000年平均每年要有100万贫困人口越过温饱线"。越过温饱线的标准为1995年现价400元。温饱工程以发放物资为主，由省供销合作社负责，配套资金由农发行扶贫贷款项目支出。

在资金投向上，扶贫信贷资金主要用于种植业、养殖业和农副产品加工业，另外自有温饱工程后也优先支持温饱工程；财政扶贫专项资金重点用于产生社会公益效果的项目，包括农田基本建设、修建乡村公路、解决人畜饮水、推广科学技术和农民技术培训等；以工代赈资金重点用于农田基本建设、修建乡村公路、解决人畜饮水等项目。

2. 综合基建及产业扶持项目

政府文件和相关统计资料显示，仅 1995 年、1996 年两年，政府各级各类扶贫资金每年划拨 700 万元"戴帽"拨给"两山"地区，明确用于 7 个县、25 个极贫乡镇的扶贫开发；两年期间累计向 25 个乡镇投入信贷资金 1872.63 万元，以工代赈资金 1279.02 万元，支援不发达地区发展资金 1099.98 万元；此外，还有社会各界捐赠资金 1449.93 万元。

从投放的具体扶助项目来看，这些扶贫资金主要用于石漠化综合治理、地区性农田水利基本建设、解决人畜饮水困难工程建设、乡村公路修建、希望小学建设等综合基建类项目，以及支持贫困户发展种养殖、农副产品加工和采煤采矿等。1995~1996 年投入的数千万元资金共实施扶贫项目 222 个。其中，各类基础设施建设项目共 99 个，以 25 个乡镇的"坡改梯"工程为主，此外还有水利设施工程、乡村公路建设工程和希望小学建设工程等；另外还有种养殖、农副产品加工和采煤等发展项目 123 个。两年共获得"坡改梯"资金 900 万元，25 个乡镇共完成"坡改梯"6万亩；获得水利建设资金和交通建设资金1300万元，共解决近10万人、8.5万头牲畜的饮水困难问题，新修乡村公路227公里。此外，在温饱工程等特殊政策的定向扶持下，"两山"地区共获得粮食定购任务减免4.3万吨，以及救济粮、回销粮发放1.6万吨。[①]

1997年，仅以工代赈资金拨向"两山"试验区的专项资金就有600万元，其中300万元为"两山""坡改梯"专项资金、300万元为"两山"解决人畜饮水专项资金，3个市地州均获得相应配额，其中，"坡改梯"资金为安市60万元、黔州45万元、宁州195万元，解决人畜饮水困难资金为安市100万元、黔州40万元、宁州160万元。当年安排"坡改梯"项目共计5.9万亩，占"两山"地区耕地总面积的16%。[②]

至1997年4月下旬到7月中旬贵州省民委组织对"两山"地区7个县、26个乡镇的再调查时止，贵州省三年来在"两山"地区相继实施了"温饱工程"、"星火计划、科技扶贫"和"希望工程"，省内外各渠道投入"两山"地区扶贫资金近2亿元。"两山"地区26个贫困乡镇的专项扶贫贷款就达3500多万元，共兴办种养业、乡镇企业及实施公路、教育等基础设施项目100多个。相关研究显示，仅万县石山地区的4个乡镇，1994~1997年，就获得扶贫专项贷款529万元、以工代赈资金180万元、"坡改梯"

---

① 贵州省扶贫开发办公室、农业办公室编《扶贫攻坚文件汇编》（内部资料），
　　第195~198页。
② 贵州省扶贫开发办公室、农业办公室编《扶贫攻坚文件汇编》（内部资料），
　　第250页。

补助 426 万元；此外，还有社会各界扶助、捐赠资金 100 多万元，世界银行西南扶贫贷款 322 万元，等等，各项资金三年共计达 1800 多万元。此后，"两山"专项资金还在持续增长，仅 1998 年到达万县的扶贫信贷资金和财政扶贫资金就分别新增 300 万元和 100 万元。[①]

在大量扶贫专项资金的支持下，"两山"地区启动了一大批基本农田建设和水利建设、解决人畜饮水困难工程建设、乡村公路修建和希望小学建设，组织种、养、加项目 300 多个，启动黑山羊等八大产业项目，初步发展了一批种植业、养殖业、加工业和采矿业项目，这些都极大地改善了当地的水土、生态、生产环境和生活条件。

3. 移民搬迁与新村建设试点

针对石漠化严重、生存环境已经极度恶劣地区，贵州省也开始试点推行开发式移民。

1995 年，民政部某副部长到贵州"两山"地区的直县考察，在深度走访调研后，建议将直县的石山地区部分乡镇列入贵州省首批易地开发移民搬迁试点，1996 年下拨专款 117 万元，启动修建了 7 个点共 90 户人家的移民新村。

1996 年 9 月，还是这位副部长再次带队，率领中国香港星火基金会及省外民政部门有关人士到石山地区考察，带来捐款 689 万元用于资助石山地区的礼县、万县、直县开展扶贫移民搬迁。到 1997 年 6 月底，已建成移民新住房 115 栋、7269 平方米，开垦耕地 370 多亩，搬迁农户

① 贵州省扶贫开发办公室、农业办公室编《扶贫攻坚文件汇编》(内部资料)，第 271~272 页。

76 户、336 人。据不完全统计，到 1997 年 6 月止，"两山"地区各县都在陆续试点开发式移民，累积搬迁移民 1300 多人。

（三）定向帮扶与定点挂钩

这一阶段，贵州也在全省安排了省直部门的定向帮扶，1994 年共有 66 个省直部门帮扶全省 48 个贫困县。各帮扶部门在其所负责县乡镇的帮扶工作主要包括：①每年从机关抽派 2~3 名干部任职或协助工作，一年或两年一调整；②在帮扶干部深入调查研究的基础上，帮助村镇理顺发展思路；③积极争取各类建设项目和发展资金、链接资源获得相关技术支持；④不定期组织送温暖、献爱心等活动。

相比全省层面以县为单位、以部门为主力的帮扶，对"两山"地区的定向帮扶力度则大出许多。

首先，针对"两山"地区的 7 个贫困县，由省委、省政府的主要负责同志建立联系点；其次，针对"两山"地区的 25 个（1996 年后增至 26 个）极贫乡镇，分别由省计委、经委、民委、教委、科委、农经委、财政厅牵头，组织省级有关厅局，在一个县承包一个乡镇，其余乡镇则由所在地州的有关部门分别承包。[①] 更为关键的是，1994~1996 年，多位中央领导深入"两山"贫困地区，贵州省委书记也曾到万县石山镇考察。此后，负责联系两山

---

① 贵州省扶贫开发办公室、农业办公室编《扶贫攻坚文件汇编》（内部资料），第 132 页。

片区的贵州省领导亦多次深入"两山"地区。

1997年起，针对"两山"地区极贫乡的重点帮扶更是获得升级，建立并开始实行定点挂钩扶贫制度，即省地机关驻乡定点帮村、县级机关驻村定点帮户，扶贫开始更具靶向性。

（四）组织劳务输出

为解决农村剩余劳动力生产就业、帮助"两山"地区贫困农户增收，广泛开展劳务输出是政府部门推动"两山"地区扶贫的又一重要举措。

自1995年开始，贵州省劳动厅通过多方协调，积极为"两山"地区7县提供劳务机会、疏通就业渠道，并给每个输出劳务的极贫户200元补助，解决路费不足的困难；为使"两山"劳务输出迈出更大的步子，"两山"7县及其所辖贫困乡镇也都陆续建立了劳动就业服务站，以更好地对接和组织劳务输出。

在这些就业政策和服务的扶持下，"两山"地区1995年共转移农村剩余劳动力8017人，其中省外务工3800人；1996年则出现人数上的迅速攀升：据不完全统计，当年"两山"7县共组织劳务输出71000多人，其中仅"两山"极贫乡镇就组织劳务输出13000多人，[①]分别流向北京、上海、广东等全国19个省区市打工。而这几个县输出的劳务全年通过邮局汇回资金共计约1.3亿元，其中"两山"极贫乡镇

---

① 据省扶贫部门相关文件汇编和统计资料显示，1996年当年共转移劳动力为12515人，相关数据似有较大出入。

汇回资金也有 1200 余万元之多。这些城市劳务资金向两山地区的回流极大地提升了当地农户的家庭经济收入。

第二节　析出发展：石山乡扶贫历程与阶段性成效

1996 年 1 月，为了更好地落实《八七攻坚计划》，以及更具针对性地争取国家扶贫政策、发展项目和资金支持，在调查致贫原因和政策研判的基础上，贵州省决定，将原石山乡从石山镇析出，重新设立石山乡，以进行更好地帮扶、谋求更快地发展。

和当时石山地区其他乡镇一样，新析出的石山乡缺水、缺粮、缺电、缺钱、住房简陋、交通闭塞……有关资料显示，全乡原有的 1567 户人家中就有近千户需要长期依靠国家救济粮、救助款艰难度日；农民人均年纯收入仅 265 元，人均占有粮仅 189 公斤，80% 的群众存在饮水困难、40% 的群众处于常年缺粮状态、80% 的群众居住在极简陋的茅草房里……可以说，在当时的石山乡，主要的传统致贫原因"样样不缺"。

一　八七：区域性整体扶贫与基础改善阶段

从石山乡所属万县层面来看，在省领导和机关对口帮扶上，据县志记载，万县先后有省、州派驻的各级各类扶贫工作队共计 7 批、222 人，其中省级单位 16 家，州级单位 26 家。且自 1996 年时任贵州省委书记深入石山考察之后，此后历任贵州省政府主要领导都会到石山镇（乡）考察。在社会帮扶方面，从 1996 年起，各方面的社会帮扶力量先后大量进入石山地区。与此同时，1994 年，万县县委、县政府成立了扶贫攻坚领导小组，编制《石山乡国民经济和社会发展规划》，全县各职能部门围绕开发扶贫方案采取了一系列措施以定向帮扶石山乡。

这些政府和社会帮扶同时从就地发展和易地发展两方面推进。在就地发展上，政府将紧缺的农用物资直接送到农民手中；在石山乡设立杂交玉米、杂交水稻种植示范点；派驻技术员推广新品种和先进的耕作技术；引导农户利用山地、草丛等天然优势发展羊养殖产业；通过修路、通电、通信等基建工程改善石山乡乡民的生产生活条件；通过技能培训、基础教育等项目不断提升乡民的劳动力和未成年人人口素质，等等。

同时，因 1997 年万县石山地区大旱，地方政府将石山的水利工程纳入扶贫资金投入重点，从 1997~1998 年开始，通过农业、水利、扶贫等各项资金渠道，逐年补助石山乡修建水池、小水库、小水窖，此后的补助规模还在不断扩大。到 2000 年时，石山的基本水利条件较之以往发生了可观的变化。

在易地发展上，1996 年 8 月起，国家民政部、省民政厅、中国香港星火基金会等部门和单位共捐资 101 万元，定向帮助万县石山地区石山乡等两个乡镇共 100 户极贫户、587 人搬迁到条件较好的地带生产生活，建设了一个移民新村，为搬迁户新建房屋 5857 平方米；此外，中国香港星火基金会还另行捐资港币 20 万元，为移民新村修建了一所完全小学。在调研中笔者得知，由于这一次的搬迁是离乡不离土，迁入地已开垦了足够的土地可分给移民户，且靠近河谷，交通条件也较好，这些迁入移民新村的农户通过易地搬迁发展种、养殖业，生产条件、生活水平都获得了极大的改善。

二　新千年：一类重点乡镇整乡推进阶段

进入 21 世纪，石山乡被列入全省新阶段扶贫开发 100 个一类重点乡镇和集团帮扶整乡推进乡镇目录，整乡重点推进。这一阶段主要是在国家相关政策扶持下，继续推进基建改善项目，同时重点推开整乡推进的生态改善、危房改造、小水窖工程等关切百姓生存和发展条件的众多项目。

（一）生态改善项目

2000 年，在 1999 年川、陕、甘三省率先试点的基础上，国家提出长江上游、黄河中上游各有关地区开展退耕还林还草试点工作；后于 2002 年 1 月 10 日，国务院西部开发办公室召开退耕还林工作电视电话会议，确定全面启动退耕还林工程，意在针对水土流失严重的耕地，沙化、盐碱化、石漠化严重的耕地，以及粮食产量低而不稳的耕地，有计划、有步骤地停止并退出耕种，因地制宜地造林种草，恢复植被，继而改善修复生态环境。

在国家退耕还林还草工程的政策支持下，贵州从 2002 年开始启动第一轮退耕还林，"两山"地区优先获得部分指标。当时按照退出一亩补助 300 斤稻谷的标准进行粮食补助；从 2004 年开始不再直接发放粮食，而是按照 300 斤大米的折算价格，以一亩 219 元的标准进行现金补助，此后一直按此标准发放补助 8 年，到 2011 年第一轮退耕还林结束。基本上，石山乡获得退耕还林指标农户退出的山林坡耕地平均在 10 亩上下，该项政策的补助款一年便有 2000 多元，农户的增收效应较为明显。与此同时，石山地区的生态恢复效果也非常明显。

（二）危房改造项目

中国农村的危房改造试点就始自贵州。2008 年贵州遭遇严重的雪凝自然灾害，广大农村房屋受损严重；2008 年 3 月，国家以此次灾后救助和重建为契机，在贵州投入 2 亿元，用于开展农村危房改造工作试点，并在此后推向全国。

尽管该政策原本是一项针对住房已经变成危房农户的特惠政策，但是在一类重点乡镇扶贫的整乡推进期间，作为对石山贫困地区的特殊扶持，危房改造项目则变成了一项普惠政策。石山乡抢抓国家危房改造政策试点工作，在全县实施农村危房改造试点的第一年就争取到 19

户改造补贴指标，到 2010 年就已经全面消除了全乡的茅草房。

2011 年起，石山乡开始在全乡范围内推进危房改造，每户农家无论其住房条件如何，都可以享受到该项政策补贴，但是有不同的补贴等级。根据农户原有住房质量以及农户是否为贫困户，危房改造的补贴资金分为三级，而且不同批次的补助金额也有所不同，基本上每户最低可获得 8000 元补贴，最高可获得 18000 元补贴，当然，在危房改造批次和补贴上会优先向住房条件差的贫困户倾斜。

从 2008 年到 2011 年，石山全乡累计投入危房改造补贴资金已达 2400 余万元，有 800 多个农村危房户的住房条件得到较大改善，覆盖全乡 2/3 的农户、近 6000 多人，受益面较大。石山全乡农户的住房条件获得了较大改善。

（三）小水窖工程

石山乡的小水窖建设经历了两轮重点推进。第一轮小水窖工程因 1997 年石山大旱而始，此后一直都作为政府投入重点在持续推进，目标是要实现石山地区每个村每家农户至少有一口水池，从而彻底结束石山过去长期存在的用水难问题。由于资金规模的限制，整个计划是分期、分批、逐年、逐村实施的。到 21 世纪初，大多数村庄饮水难的问题都得到了很大的缓解。此后，石山乡每年都有小水窖建设项目；直到 2016 年初，石山也都还在修建水池。小水窖的建设，让大多数农户结束了以前全年都要挑水喝的历史，尽管一户30立方米的容量尚不能完全满足一整年的饮水需要，但这对于当地当时的农户而言已是天大的好事了。

到2010年，在国家政策资金的支持下，石山乡大部分用水最困难的农户家庭已经获得了小水窖工程覆盖，仅牛村某一个村民小组获得的安全饮水项目资金就有25万元，帮助22户农户新建了19口水窖。石山乡乡民长期以来的用水难问题在不断缓解。

整体来看，截至新千年第一个十年，石山乡无论是生产生活还是生态条件，均得到全面推进和明显改善。

自1996年到2010年这15年间，国家和贵州省向石山乡累计投入近亿元资金，主要投向水、土、电、路、教育、通信等各类基础设施建设，生态恢复和涵养，以及种植、养殖和农副加工等农业产业发展。其中，2006年以后最为集中：省、州、县及社会各界投向石山的资金和物资折款达8000多万元，启动各类基建和产业项目100多个，帮助石山乡修建村级公路54.5公里、便道32公里，完成通乡公路的油路改造17公里，以及22公里的出境通道建设；建起水渠12条、总长22.6公里，铺设引水管网25公里，修建提灌站1座、水池水窖1335口；新增、改善灌溉面积1800余亩；解决了6000多人的人畜饮水困难问题；退耕还林还草面积逐年快速上升……

在1996年析出建乡之际，石山全乡农民人均纯收入仅有265元，人均口粮仅189公斤，40%的民众常年缺粮、80%的民众存在饮水困难，也还有80%的民众仍住在极简陋的茅草房中，甚至还有一些凿壁而居、住在山洞中……到 2010 年，石山乡的农民人均纯收入已达到 2160 元，群众的基本生活已经有所保障，全乡也实现了村村通公路、通电话、通广播电视，以及户户通电，而且 90% 以上的农户也都住上了砖瓦房。

三 "十二五"：村级重点推进的扶贫开发

"十二五"期间，除了延续前一阶段整乡推进的各类项目外，石山乡还迎来了又一个重要的政策扶持期，开始重点推进村级层面的扶贫开发。

2011 年 3 月，时任省长 Z 同志前往石山乡考察，开展"四帮四促"[①]驻村调研。在深入了解和研究了石山经济社会发展的各种问题后，要求对石山乡进行重点扶持。用当地干部在调研时的话来说，"力度是前所未有"。

在这次驻村调研期间，该省长 Z 同志某日上午在牛村主持召开了有省财政、教育、建设、交通、卫生、水利部门负责人参加的现场办公会，从教育、危改、水利、交通等方面做出了宏观上的整体安排，并就支持当地水利设施、寄宿制学校、乡村公路、集贸市场建设、提高村医待遇、生态移民、农村危房改造、发展核桃种植、加快农业结构调整等问题，研究了解决办法。

---

① "四帮四促"：要帮助基层学习领会精神，促进思想统一；要帮助基层厘清发展思路，促进科学发展；要帮助基层解决实际问题，促进增比进位；要帮助基层化解矛盾纠纷，促进和谐稳定。

（一）"要致富、先修路"

"要致富、先修路"是 20 世纪 80 年代就已风靡全国的发展思路，到 20 世纪初的石山乡，依旧还是一个卡着地方发展脖子、阻断了乡民出山之路的关键因素。当然，背后缺少资金支持、修路成本高是不争的事实。这些问题终于有了一个解决机会。

在 2011 年的这次牛村现场办公会上，省领导提出了对石山乡油路建设的要求。照此要求，万县交通局首先对石山乡的全部通村公路重新测量规划，将 9 条总长 51.6 公里的道路列入油路建设项目；之后省里相关部门批复并向石山乡下拨油路改造资金 2400 余万元；石山乡党委、乡政府则负责对油路建设中涉及的田土、砂石、用水等问题进行协调。

经过艰苦的努力，石山乡成了万县全县 18 个乡、镇（街道办）中第一个实现村村通油路的乡，80% 以上的村民小组也都修通了水泥路，受益范围覆盖全乡 6 个行政村、52 个村民小组。石山乡历史上的交通要塞开始再次变得通达。

（二）生态恢复和水土治理

这一阶段延续了第一轮退耕还林的政策补贴，因为土地退出耕种、恢复造林的时间尚短，农户栽种的林木还达不到砍伐的程度，无法商品化，这就意味着农民依旧不能依靠林地获得直接收入，故而在 2012~2016 年，第一轮政策的后期补助还在继续，尽管相比之前补助金额减少了一半。

不过，退耕还林在帮助农户增收上的效果虽然尚未显现，但是对于地方的生态恢复和水土治理，则效果尤其显著。截至 2014 年，石山全乡累计封山育林 6 万亩、退耕还林 8600 亩、荒山造林 5000 亩、人工种草及改良草山 6000亩，种植核桃、油茶 1.3 万亩，改造中、低产田土 4000 亩，修建沼气池 240 口，可灌溉耕地面积也逐年大幅增加。

（三）扶贫生态移民工程

针对生态环境和基本生活生产条件的限制，也是为着更好地推进生态改善，2011 年，贵州省委、省政府提出"扶贫生态移民"战略，开始重点推进生态移民工作，作为深山区、石山区、石漠化严重地区的腹地，万县石山乡也启动了扶贫生态移民项目。事实上，早在 1997 年，贵州省就已开始探索易地扶贫搬迁；2001 年，国家实施易地扶贫搬迁试点，贵州也是该批次的试点省份之一；"十二五"之前，在贵州的"三个三"扶贫开发基本思路中[①]，易地扶贫搬迁也是重要扶贫方式之一，当时贵州即已针对生态环境与基本条件的限制及其改善，"尽量采取以地域上相连的人口集聚区（村、组）为单元的整体迁出方式"，重点探索实施整村推进的整体搬迁，主要在第一产业内进行有

---

① "三个三"即采取"开发式、救助式、搬迁式"三种扶贫方式，围绕"改善基本生产生活条件、拓宽基本增收门路、提高基本素质"三个基本问题，抓好"整村推进、劳动力转移培训、产业化扶贫"三项重点工作。

土安置，通过土地调整等方式尽可能地保障移民的基本农田、草场、牧场等生产资料，就近实现农业劳动就业。①

1996~2015 年这 20 年间，大量的资金、物资与人力及倾斜政策源源不断地投入石山地区。据当地政府不完全统计，在石山乡，仅财政资金投入一项，1996~2015 年就高达约 3.5 亿元，人均约 3.9 万元。其中，用于道路建设的资金有 9000 万元、小水池建设 4000 万元、生态补偿 2000 万元、危房改造 2000 多万元、生态移民工程 2300 万元、民政兜底 5000 万元、产业扶持 1 亿元，等等。

在多年的持续大量投入下，石山乡有了翻天覆地的巨变：截至 2014 年，在生产上，农民人均基本农田由建乡之初的 0.02 亩增至 0.2 亩，人均粮食由 189 公斤增至 348 公斤，全乡年出栏肉牛 400 头、黑山羊 1 万余只、商品猪 4000 头、家禽 2.5 万羽。在收入上，人均纯收入由 265 元增至 4360 元，贫困人口由 6273 人下降到 1200 人。在生活上，全乡解决了农户的照明用电问题；移动通信覆盖面达到 98%；成为全县第一个村村通油路的乡镇；两轮小水窖工程的实施极大地改善了全乡农民的生活饮水、生产灌溉问题，石山乡一跃成为全县乃至全省小水窖户均拥有量最高的地区，彻底结束了过去农户要跑几公里找水喝的历史。在教育发展上，新建和改造教学楼 12 处、5600 平方米，适龄儿童入学率由建乡时的 48% 上升至 100%，此外还培训支书、村干部、农民 6000 人次，人口素质也不断提高。

---

① 张文博：《易地扶贫搬迁政策地方改写及其实践逻辑限度——以 Z 省 A 地州某石漠化地区整体搬迁为例》，《兰州大学学报》（社会科学版）2018 年第 5 期。

四 面向 2020：石山乡精准扶贫整乡推进"四项行动"

自中央提出并启动实施精准扶贫政策以来，尤其是在 2014 年 5 月贵州省某省长至石山乡调研后提出，把石山乡作为万县扶贫攻坚的突破点来抓，按照"能发展、可借鉴、可复制"的要求，将石山乡作为整乡推进的试点，集中力量实施精准扶贫，做到"千方百计扶持基础设施、千方百计扶持特色产业、千方百计扶持教育培训"，取得经验后再向全县乃至全省其他 12 个发展困难县推广。至此，石山乡进入了精准扶贫整乡推进试点阶段。

（一）"四项行动计划"

2014 年后半年，贵州省扶贫开发领导小组办公室多次召开专题会，与黔州、万县的领导干部和工作人员一起，研究石山的扶贫攻坚工作，确定在 2015 年、2016 年两年，石山乡"以增加贫困群众收入为核心，以恢复和保护石山生态、推动和促进石山发展为底线"，共规划投资 6207.7 万元，帮助石山乡实施"减贫摘帽"的"四项行动计划"，即着重实施生态移民、基础设施、扶贫产业、教育培训四个方面的行动计划。

2014 年 10 月，在省定"四项行动计划"指导下，万县政府编制了《石山乡精准扶贫"四项行动计划"建设方案》，具体包括：① 2015 年实施扶贫生态移民工程项目 1 个，对石山乡 187 户、930 人实施生态移民搬迁，投入财政扶贫专项资金 1116 万元。②开展小康寨、小康水、小康路、环境综合整治等 8 个基础设施建设项目，投入财政扶贫专项资金 3186.7 万元。③扶贫产业建设分两年实施，包括草地生态畜牧业和食用菌栽培 2 个产业项目，投资 1805 万元。④教育培训建设开展五方面行动：一是"雨露计划·圆梦行动"，资助贫困生 80 人；二是"雨露计划·助学工程"，资助贫困生 120 人；三是"雨露计划·'当家女'培育"，培训农村妇女、女青年 60 人；四是"雨露计划·能人培养"，培训农村致富带头人 200 人；五是"雨露计划·农技培训"，培训贫困群众 1000 人，两年内总投资 100 万元。

"四项行动计划"确立了石山乡未来主要"在地化发展"的基本思路。2015 年，黔州在这一发展思路下成立了石山乡四项行动领导小组，及时下达资金 5370 万元，石山乡的精准扶贫整乡推进试点工作得以全面推进：当年上半年共完成推进 59 户贫困户移民安置到万县的生态移民安置点；完成牛村小康寨、"美丽乡村"建设的规划设计，完成牛村广场、农贸市场场平工作（截至调研时正进入主体施工阶段）；完成小水池建设 60 口；建成标准化牛（羊）圈 10 个、近 1620 平方米；种植皇竹草 1200 余亩；完成 3000 平方米标准化生产大棚。[①] 石山乡各项建设与项目发展如火如荼，整乡脱贫在望。

（二）第二轮退耕还林

2016 年，贵州实行了第二轮退耕还林，退出一亩耕

---

① 黔州扶贫办 2015 年上半年工作总结。

地的补助标准升至 1500 元，但鉴于第一轮政策实施过程中出现的诸多问题，本轮退耕还林补助金分三个阶段进行发放：在相关部门验收合格之后第一年按照 800 元 / 亩发放第一期补助金，其中 500 元是退耕还林补助、300 元为苗木补助；第二年再验收一次，如果苗木保持存活，则按 400 元 / 亩发放第二期补助金；到第三年依旧保持成活的情况下，按 300 元 / 亩的标准发放第三期补助金。

这样的政策设计要求农户个人必须对退耕还林的林木进行管理，如果管理不到位、苗木成活率不足就得不到后续补助，这种过程管理进一步增强了农户在退耕还林管护中的责任心和参与度。另外，对于农户来说，苗木成材之后的经济效益是明显可期的，因此，农户大多数都非常欢迎这一政策，种植经济林木的积极性相当高；调研中也了解到，只要得到退耕还林指标，农户都会积极在自家的山林地栽上杉木等经济效益好的林木，而且也会非常用心地管护。

在利好政策的支持下，石山乡实施退耕还林的面积也逐年扩大，2015 年为 1.5 万亩，2016 年为 1.6 万亩，2017年升至 2 万亩。随着退耕还林工程的逐年推进，石山地区的生态环境不断得到极大改善。20 世纪 90 年代时，石山乡的森林覆盖率仅为 24%，而调研时，当地的森林覆盖率已猛升至 72.6%（见图 2-1）。

总体而言，在所有的扶持政策中，退耕还林是最受老百姓欢迎的惠农项目，无论是当地自然生态环境的改善，还是农民得到的直接政策补贴，还是经济林木带来的实实在在的收入增长，这些都是非常显然的。以牛村为例，获得退耕还林指标的农户每户基本都有 10 多亩林地，仅国家的政策补助一项就能够增加 1 万多元的收入。

图2-1　石山乡逐渐恢复的植被

2016 年 9 月，贵州省政府公布了最后 20 个极贫乡镇的名单，石山乡已不在其中。这标志着石山持续 30 年的扶贫工作取得了突破性的阶段性成就。

第三节　以村窥乡：牛村贫困图景的改写

牛村历史上长期处于石山地区中心，一直也是石山乡政府、公社等行政建制的所在地，距离交通主干道最近，不仅自然条件、区位条件相对其他几村较好，而且在国家历年对石山乡的扶贫行动中获得的各类资源也相对较多。正是在前述对石山地区及石山乡大规模扶贫的背景下，在过去二三十年的持续投入中，石山乡和牛村的面貌都发生了巨变。

就扶贫项目类型及其效果而言，保障型扶贫项目与改善型扶贫项目对于村民生活的保障，以及生产生活条件的改善起到很大的作用；而发展型扶贫项目则因市场过程的阶段性、波动性和不确定性，暂时尚未见到明显成效，且部分已告失败，但是，从牛村到石山乡，地区性整体产业基础均得到明显改善，这也为日后进一步的产业发展铺就了希望。

尽管距离彻底脱贫还有最后一小段路要走，但乡民已经深深感受到在国家扶持之下自己的家园所发生的变化。他们不仅对相关政策高度认可、欣然拥抱，也对未来指日可待的"美好生活"抱有极大的信心，说起"日子越过越好"也都是满心欢喜。

一 发展契机："大领导"的到来与新发展思路

近些年来，牛村面貌的根本性改变与几位"大领导"的作用密不可分。

2011年4月，时任省长Z同志来石山考察，并在牛村一户村民家中住了两晚。两天时间里，Z省长接地气地考察了牛村和邻村，在牛村召开了几次实实在在的座谈会，广泛听取当地村民谈自己对于家乡发展的想法，愿意来的农户也都可以来，用村民的话说，"不像一些领导那样导演式地开座谈会，来的人全部都是安排好的，说什么也是事先策划好的"。正是在这两天的座谈会上，农户反映的若干现实困难成了日后省级挂钩领导制订牛村乃至石山乡在地化发展思路以及整体发展规划的依据。

座谈会上，牛村村民畅所欲言。缺水成为大家反映最多的问题。有的村民说起因为干旱、缺水，养的羊都死了不少，"如果每家再修建一口30立方米的水窖，人畜饮水问题就能基本解决了"。还有市场的问题。有的村民反映，"以前赶场要走十几里路，现在村里虽然建起了农贸市场，但是规模太小，又在马路边，不太安全，要是能把市场再建大一点，把山里搬出来的移民安置在附近就好了"。还有路的问题，牛村的通村路没有硬化，交通很不方便，特别是下雨天，公路难以通行。还有牛村小学寄宿条件的问题。牛村小学的教师反映，石山6个村加上相邻两个乡镇的部分适龄儿童都在牛村小学上学，由于各家各户居住分散，小学老师也没有周转房，希望能建成寄宿制学校……基础设施的问题、医疗服务的问题、教师队伍和村医待遇的问题、农村危房的问题、生态移民的问题，全都有了倾诉的出口。

Z省长召开了座谈会、深入农户家中实地查看，还带着收集上来的问题先后考察了牛村的农贸市场、村委会、卫生室、学校等公共设施。随后，他临时通知省教育厅、省财政厅、省住房和城乡建设厅、省交通运输厅、省水利厅、省卫生厅等多个部门的负责人连夜赶到牛村。第二天上午，便在他留宿的村民家中召开了石山乡史上最高规格的现场办公会，就支持当地水利设施、寄宿制学校、乡村公路、集贸市场建设，提高村医待遇，生态移民，农村危房改造，发展核桃种植，加快农业结构调整等问题，研究了解决办法。

在这次现场办公会上，Z省长为牛村的"在地化"发展提出全新思路。他指出，要把农村中小学、卫生院、农贸市场等社会服务设施的布局与小城镇建设结合起来，综合考虑人口分布、交通条件等情况，选择地势较为平缓的低山地带，平整土地，相对集中人口和各类配套服务设施，努力走出一条有特色、集约型、多样化的山区小城镇建设发展之路。

> Z省长在KSW家的老木房子召开座谈会，石山乡6个村的村干部都必须去。在这个会上，就定了一户修30立方米水池、修医院，还有营养午餐，那段时间我们牛村的营养午餐都是搞的三餐。他离开贵州之后，我们就只有一餐了。他给我们提供了很好的条件。现在的学校就是他搞给我们的。修柏油路第一次也是他搞的，第二次是C省长搞的。整个万县，石山是第一个通油路的乡镇。Z省长来之前，上牛村来的路都是砂石路。牛村的生态移民项目也是Z省长定的。后来做的图纸规划，有广场、市场、花园、计卫大楼、学校，设计得非常好。当时的想法是要把牛村打造成一个生态移民小城镇。（牛村村干部YSY）

这次之后，连续几年多位省级领导也先后来到牛村，给这里带来了诸多利好政策和重要资源。

C 省长是 2014 年来的，也帮牛村解决了很多问题。我们有了路，棚户区改造项目规划 29 户，实际更多，因为 2011 年起石山危房改造是整乡推进，大部分农户都有房子了，后来就搞装修。

我们牛村的市场也是他定的，2015 年建成的，总共花了 700 多万元。牛村历史上就赶场，但是一直没有场坝，C 省长帮我们解决了这个问题，现在周围七八个村都来牛村赶场。Q 副省长也来牛村住过，他是来考察产业的。（牛村村干部 YSY）

"大领导"的到来指明了牛村的发展思路：要抓住牛村作为石山乡门户的区位优势，以及历史区域商贸小中心的优势，以辐射周围几个村的集贸市场为依托，建设石山乡生态移民安置小区，把牛村打造成一个小集镇。

循着这一思路，牛村先后很快建成了市场和生态扶贫移民搬迁安置点。其中，移民点建设规模为 160 户（实际建设 135 户）、768 人，总投资 763 万元。搬迁标准有三：一是居住地存在地质隐患，二是居住分散，三是优先照顾贫困户。事前已经列入危房改造的农户，就不能再列入这个项目。搬迁户根据不同的户型和建筑面积分别交 6000 元或 1 万元就能分到一套 60 或 80 平方米的安置房。在市场附近，政府征拨了 200 多亩土地，平整后卖出地基，由牛村及周边两村的村民自愿买入，修起了几十栋2~4层不等的房子，用于居住和经营，再由政府统一进行立面改造。紧邻市场，牛村小学选址新建，教师公租房到2016年初也已接近封顶；附近的新卫生院也在新址完成了基脚工程，计划将建成全县最大的乡镇医院……

截至调研时，牛村已经形成了一个初具规模的小集镇：135户生态移民房修建完成；村集贸市场解决了周边几个村，尤其是原石山乡6个村村民商品交易距离太远的难题，成了大家赶场的首选去处，市场交易越来越活跃，外地人也开始进入牛村从事商贸活动，牛村最大的一家超市就是湖南过来的老板开的（见图2-2）。如果按照当初的规划设计，陆续建好医院、建好小学宿舍和教师公租房等，明显可以预见，牛村会有越来越好的发展前景。

图2-2　牛村街道与市场

二 基础设施的改善

（一）村内道路修建

牛村第一条通村公路修建于 1976 年，1979 年 12 月正式通车，从经过山下的省道 312 公路接入，延伸到原石山乡政府所在地，总长 17 公里，其中牛村境内有 10 公里。2011 年 Z 省长考察石山后逐渐改造成柏油路；2015 年 C 省长考察后又一次进行改造，将这条路与石山乡腹地交通最困难的 3 个村的通村公路进行对接、改扩建和硬化，以"9"字状串起了石山乡腹地的 4 个村，这也是几村通往镇区和万县的唯一公路。

牛村内的通组路从 2000 年开始修，到 2013 年陆续修通了 10 条毛石路，每个村民组都有路与村主干道相连接；2013 年之后开始陆续改造成柏油路，到 2018 年，全村仅余一个村民组的通组路尚未硬化。此外，牛村各村民组还陆续修好了串户路，方便村民日间通行和往来。

这 10 条通组路总长 11 公里，但修起来却相当艰难，主要的修路方式有三。①投工投劳。政府向村庄提供必要的雷管、炸药等材料，村民自己组织协调整个修建过程并参与施工劳动。②"一事一议"。[①]也是由政府向村庄提供雷管、炸药、钢筋、水泥等材料，由村民自己实施的项目。③政府采用招投标方式，由企业承包修建并在通过验

---

① 始于 2007 年，由国家提供部分材料，由村民组织实施的与村内农田水利基本建设、道路修建、植树造林、农业综合开发等有关的土地治理项目和村民认为需要兴办的集体生产生活等其他公益事业项目。

收后移交给村里。牛村的村内道路除了移民点之外，其余主要都是采用前两种方式修成的，因为这样花费的资金最少，村民的投工投劳完全是义务，节省了很大一部分人力成本。作为村庄公共事务和公益性项目，在村干部、寨老等的动员和协调下，牛村的村民们依靠自己的力量年复一年慢慢修好了这些道路（见表2-3）。

表2-3　牛村村内道路情况统计

道路编号	毛石路		柏油路		长度（公里）
	修通时间	修建方式	硬化时间	修建方式	
道路1	2002年	投工投劳	2013年	老板承包	1
道路2	2002年	投工投劳	2013年	一事一议	0.6
道路3	2005年	投工投劳	2012年	一事一议	0.5
道路4	2000年	投工投劳	2013年	一事一议	0.4
道路5	2000年	投工投劳	2018年	老板承包	0.5
道路6	2012年	老板承包	2018年	老板承包	3
道路7	2013年	老板承包	未硬化		2.5
道路8	2010年	老板承包	2014年	一事一议	1
道路9	2013年	老板承包	2014年	老板承包	0.5
道路10	2013年	老板承包	2014年	老板承包	1

资料来源：牛村调研统计。

无论是通组路还是串户路，牛村在全石山乡修得最多。前后十几年的修路过程，对于牛村的村庄团结、多方协商和公共参与等都是相当大的考验，但同时也是对村庄团结协作的又一次锤炼。而且，村民对自己修的路心里最有底气，认为他们自己修的路比企业承包建的路更有质量保障。

你说质量的话，说老实话，我们老百姓还有村里面组织群众老百姓自己做得比老板做得好得多。老板做的，他们为了赚到钱，尽管村两委、政府监督，但是老板始终存在一些花招问题。比如说我们做一条硬化路，老百姓做的，首先我们把有几十公分大的石头先垫底，然后再放硬化层，管你车子怎么轧，它几乎是不会坏的，但是老板做的话他几乎是没有石头的。这种时间长、有重车轧的话它可能会有坏的这种情况。像公司老板做的这种，我们从头到尾都没参加过验收，它是政府招标、政府验收的。（牛村村干部LYX）

目前，整个牛村只剩下一段2.5公里的通组路尚未硬化为柏油路（见图2-3）。毛石路尽管部分地解决了村小组居民的出行问题，但遇到雨大打滑，人车通行就比较困难了。为此，村干部连年向政府申报，希望能得到"一事一议"项目的支持，但是该组仅有18户人家，户数太少，若

图2-3　牛村最后一条通组毛石路

是如此核算，修路成本就太高了。而到 2016 年，随着石山整乡搬迁政策的出台，这条路更是被无限期地搁置了。

（二）人畜饮水改善

吃水难是整个石山地区所有住民的老大难问题，1997 年万县石山地区大旱更是逼近了极限。

> 以前用水是人挑马驮的，就是用两个胶桶绑在马背上驮水，我们是天麻麻亮就起来挑水去了，以前挑水要在 2 公里以外。尤其是在干旱灾害的 1997 年，那一年外村也来我们这儿驮水。一天像赶场一样，人来来往往的。我们一天可以得两三挑，外村的一天只得一挑，还背个壶装水在路上渴了喝。我们洗脸的水和洗脚的水是拿去喂猪的。所以之前说我们石山"土如珍珠、水贵如油"。我们这里有个老大爷，挑到中途太累了，他就停下来休息，旁边那群牛一来把他的水抢了，老大爷一直哭，他从那寨里来挑水的话可能得十多公里，以前是那种猴子路，不是讲叫你走，看一眼你都怕，那个路又陡，全部是石山。（牛村村干部 LYX）

此后，大小水利工程成为石山乡扶贫投入的一个重点方向，牛村是最大的获益者之一，村庄用水条件获得极大改善。

一般（每年）八月、九月、十月就干了，干了有水窖那就勉强养得到（能维持到）三月份，看你咋个用了。修一口 30 立方米的水窖要 1 万多元的成本，这还主要是材料费，不包括人工成本，农户自己修好，（县乡）政府验收合格后发放补贴，每个 30 立方米的水窖补助 3000 元，每年都会给每个村一定的名额。30 个立方虽然是少了一点，但是比起（一九）九几年那是好得多了。（牛村村干部 LYX）

第一批小水窖工程的国家项目资金补助标准是每 30 立方米的小水窖补助 3000 元，所以，尽管农户如果要完全满足一整年的饮水需求需要 60 立方米以上的水窖，但限于一次性建设 60 立方米对于村民来讲边际成本更高，除了经济条件好一些的家庭，大多数农户选建的都是一户 30 立方米的小水窖，全家全年用水仍有些紧张。因此，各个村每年也都还在向上级政府申报水窖建设项目。

农户如果经济来源好点就修大点，修六七十个立方，那么政府就帮你量，有 60 个立方就补助 6000 块钱给你。我们农村人他心里面也想修大，但问题是存在一些经济上的困难，他没那么多（钱）买材料、请人，一万三四才够。就算不请人，自家修的话，也要 1 万。如果得了补助就是减去 3000，你自己也要 7000 块钱。不请人的话 60 个立方起码要 1.8 万元左右。请人的话就要两万五六，如果你家没劳动力，全部请人，给你搬石头，我们村你晓得的，这个水池不是修在大路边，是修

在我们的房前屋后，要请人抬石头、抬水泥，一背一背地背去里面，还要请工匠……（牛村村干部 LYX）

2015 年，随着减贫摘帽"四项行动计划"的实施，石山乡获得的投入陡增，政府对农户一口水窖的补助提升到 1.5 万元，而且是由政府招标工程队负责施工修建，验收合格后移交农户使用。"每个水窖一万五，国家包做，农民直接享受，不要农民一分钱，不吃农民的饭，也不要农民的烟，包干。这对我们来说真是个大好事。"

当年，牛村就得到 100 口新建水窖的指标，容积依然是每口 30 立方米。

这 100 口水窖的指标下到村里后，由村里安排具体如何分配。村"两委"开会研究并征求各村民组组长意见后，根据全村实际情况确定，优先安排饮水困难较大的村组、优先安排饮水确实困难的农户，特别是重点支持那些之前即使有 3000 元补助仍修不起水窖的家庭。

由乡里面和有资质的老板来实施。我们把名单报给政府，至于实施这一块，政府和老板他们之间可能有协议，比如质量、付款方式，还有验收、工期、限期完工。我们是负责比如安排给张三，那么你张三就必须把位置指出来，指给老板，他们有他们的施工队伍，老板就按我们农户指的这个位置，人工挖也好，挖机挖也好，就负责修好。（牛村村干部 RQW）

到 2015 年底，牛村基本上 90% 的家庭都有了小水窖，而且不少农户家里还有两口，全村达到户均 1.5 口水窖的水平。剩下 10% 没有家庭小水窖的，全部也都能通过附近的水源点满足饮水需要。牛村有 4 个不干涸的自然水源点，分别位于 4 个村民组，可以就近解决 5 个村民组以及牛村生态移民点、牛村小学和街道居民户的基本用水问题。此外，新发展规划中原定在牛村建设生态移民集镇，所以在移民点也同步配套规划了饮水工程。2015 年，牛村在移民点和小学附近选址并协调土地，政府以招投标的形式，由企业施工队负责修建了一口 1500 立方米的水池，专门供应牛村小学、生态移民点，以及牛村市场、街道住户和经营户的用水需求。牛村用水难问题终于成为历史（见图 2-4）。

图 2-4　牛村"四项行动计划"修建的小水池

三　住房改善

20 世纪 90 年代末期之前，牛村的农户大多还住在老旧破烂的草房中，90年代初石山经济社会调查中民谣传唱的形象是牛村大部分农户家庭的写照。到20世纪90年代末，牛村才开始有村民零星修建砖房；进入新千年，在危房改造和移民点建设等扶贫住房改善项目的支持下，牛村村民家庭的住房状况发生了巨大改变，农家砖房也越建越多。

（一）危房改造与住房改善

危房改造是石山乡扶贫整乡推进过程中享受到的一项特惠政策。从2008年开始，牛村在每年每个批次的危房改造中都能得到一定名额，对村里住房条件较差的农户进行补贴，支持他们新建住房。2011年后支持力度更大，2013年更是一年就实行了4批。

> 石山（乡）从2011年开始整乡推进，危房改造全部改完。现在全是大房子，两层三层的，都是最近两三年修的。牛村除了个别懒人，其余全部搞完了。我们这里有个邓家，个子大，身体没毛病，他就是懒、不做，没有钱修房子，现在还摆在那里，就剩他一家。也有的人是智力有些问题，另一个寨子还有两三户没改。（牛村村干部YSY）

虽然危房改造的政策补贴并不足以支付新建房的全部成本，但是它在一定程度上为农户改善住房条件提供了一个契机。跟笔者在其他地方调查所了解的情况一样，牛村的农户也都是抓住这个契机，通过自家多年积蓄，家人打工、务农等的收入，或是通过亲戚朋友的支持、银行贷款等途径，一点点凑起了建房所需的费用，住房条件也明显有了改善（见图2-5、图2-6）。

> 2013年，大儿子分家，修了一栋新房子。总共花了七八万。他自己手头只有一万多块，国家补助点，其他人支持点，再贷点款。国家补助就是危房改造，得了1.2万。信用社贷款3万块。以前是搞不起的，现在国家有点补助的话是可以的，这个还是帮我们解决了不少的问题。（牛村村民DMH）

图2-5 牛村废弃的老旧房屋　　图2-6 牛村一户村民的新建房

在整乡推进危房改造之下，牛村各个村寨、各农户家庭的住房安全都得到了保障（见图2-7）。2016年初调研时，根据牛村各村民组组长口头报告，在2008到2016年，全村当时总共475户农户中，不完全统计就有235户实施了危房改造（见表2-4）。

图 2-7　牛村的一个寨子

表 2-4　牛村农户享受危房改造政策补贴不完全统计

项目	2008年	2009年	2010年	2011年	2012年	2013年	2014年	2015年	2016年	年代不清	总计
户数（户）	12	19	24	44	34	47	16	5	3	31	235

对牛村 69 户农户的抽样调查显示，牛村农户家庭建房费用在 10 万元以上的有 25 户，房屋最多的一户有三处住房，[①] 面积共有 600 多平方米，花费大约在 85 万元。从村民对住房现状的满意度来看，42% 的农户对自己的住房表示非常满意和比较满意，35% 的农户表示差不多、还可以，不满意的比例为 23%（见图 2-8）。总体上，牛村大多数农户对现在的住房状况评价都比较正面；而且，一些农户不满意或是很不满意，也主要基于当下跟其他农户家庭的住房差距而产生了一定落差，但若做历时比较，村民都对现在的砖瓦楼房非常满意了。

① 一些农户在成年儿子分户分家后仍习惯性地认为是一大家人；还有一些农户以成年子女的名义在县城、乡镇或村移民点申请到安置房，所以有一户多处住房的情况。

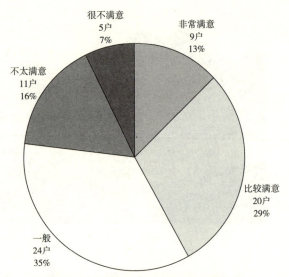

很不满意
5户
7%

非常满意
9户
13%

不太满意
11户
16%

比较满意
20户
29%

一般
24户
35%

图 2-8　牛村住房满意度抽样调查统计

注：本书统计图，除特殊标注，均来自精准扶贫精准脱贫百村调研牛村调研。
资料来源：精准扶贫精准脱贫百村调研牛村住户问卷调查。

调研中，我们还接触了一些在牛村从事泥水工的农户。对他们而言，危房改造的这些年，他们的活儿最多、挣钱也最多。而大约从2016年起，牛村的房屋改造和新建已基本接近尾声，新建住房数量大幅度减少，他们的活动范围也开始从本村、本乡更多地转向外地。

> 我一直在老家做泥水工，以前只去江西和广东打工过两个月，大概是10年前，后来就回家做这行了。这两年建房子明显少了。我们农村家家户户都建好了，主要是危房改造的项目下来之后，大家的房子都建得差不多了。我现在没多少活干了，在家里也没什么收入，要准备去打工了。（牛村村民WCX）

（二）牛村生态移民点建设

牛村推进的第一个移民项目在 S 组。S 组因为 20 世纪 70 年代曾发生火灾，全寨房屋仅余一户，其他均被大火烧光，之后 S 组的村民就陆续搬到其他几个村民组分散居住。2010 年，政府通过了该村组的原址迁建项目，支持 S 组村民在原村组居住地海拔稍低、地块较为平整的位置重建家园，其中移民搬迁项目投资 35 万元、危房改造资金补助 17 万元，再加上农户自筹部分资金，为 S 组农户修建了钢筋水泥结构的移民搬迁房。时隔近 40 年，22 户农户终于重回 S 组。

牛村第二个移民项目是为落实 2011 年省长考察石山乡的指示、于 2013 年启动修建的生态移民安置小区。尽管规划设计之初，这个安置小区是面向整个石山乡农户的，但实际受益更多的主要还是牛村的农户。按照县扶贫生态移民工程规划，该安置点计划移民 100 户、423 人；调研时已建成并通过县级验收，到 2015 年已完成搬迁入住 90 户、305 人。

牛村这两个移民项目都是就近搬迁，即使是外村搬迁过来的，距离原村最远也只有 5 公里左右，农户的社会关系网络仍在，S 组的新村迁建更是重新强化了过去的社会关系。更为关键的是，未离开土地的安置方式，在一定程度上改善村民的生存环境、居住条件和生产条件的同时，很大程度上依旧保留了农民的传统生计方式，这对于他们快速融入新环境、适应新生活起到重要支持作用。

2014 年，在省级领导帮助牛村确定的新发展思路和目标下，牛村开始推进建设生态移民安置集镇，主要涉及石山乡"四项行动计划"中的两个项目，即牛村"小康寨建设"项目、总投资 150 万元，牛村"'四在农家·美丽乡村'建设"项目、总投资 365.5 万元。^①

整体上，相较 20 年之前，牛村从住房改善、新村建设到美丽乡村建设已部分地实现了跨越式发展。

四 教育医疗基础提升

石山地区教育、医疗长期落后，牛村也不例外，但相比周边村镇还算有些基础。

（一）教育

新中国成立前，牛村没有学校，只有一位私塾先生曾经办过几年私学。据 1947 年《万县部分乡改良私塾调查报告》记载，一位叫刘应文的先生于 1946 年 3 月在牛村开办了私塾，共有学生 52 名。当时能付得起学资的人家并不多。

新中国成立后，牛村在 1958 年 3 月建了第一所小学，该学校为民办，当时仅有教师 1 人、学生 32 人，租用民房 3 间作为教室。1960 年，牛村小学转为公办，教师达到 6 人，学生扩至 260 人，有了一栋木瓦结构的教学楼。1972

① 资料来源：现石山镇政府提供。

年，牛村小学新办初中部，教师增至 10 人，教学楼增加了一栋。20 世纪 90 年代，随着"两山"扶贫的大力推进，牛村学校的办学条件也得以不断改善。此外，因牛村还有几个村民组路途较远，学生上学要步行一两个小时，牛村还曾开办过 4 所民办学校（或教学点）。到 2000 年，随着交通状况和农户经济条件的不断改善，最后一所民办学校（教学点）被撤并，全村学生均入读牛村小学，学校规模也逐年扩大。目前，牛村小学是原石山乡范围内 6 个村中唯一的村级小学。

1974 年我毕业到牛村小学参加工作的时候，学校有 300 多名学生，还有初中，后来被撤了。学校学生规模最大的时候发展到 600 多人。1996 年，省委书记来到牛村以后，武警总队扶持我们牛村，他们总共给了我们七八万元，那几年我们的学生一分钱不用交，包了我们三四年，钱直接送学校。用武警的钱买书，书包是武警买，课桌从贵阳拉来，真的很感动。我们每个学期都要慰问他们，我带头去，带成绩好的 3 个学生代表，六一的时候他们来，学生很高兴。那时候外村外乡镇都来，连布依族的都来了。校舍不够用，我们老师就把自己住的地方腾出来，两个老师住一间。省委书记关心石山，州里也就对我们有了更多关注。1994 年我去参加校长培训，州教育局局长问小石山来了没，我说来了，他说既然省里都支持了，州里也支持，给你们修新教学楼。这样，1995 年我们修了木房子的教学楼。后来武警也没帮我们了，他们走了学校就收费了。渐渐地，学生人数也少了很多。（原牛村小学教师、校长，石山乡教辅站站长，石山乡副乡长LYZ）

2011年省领导来牛村考察后，牛村小学有了新规划，并于2013年进行了重建，新校占地9800平方米，建筑面积4500平方米，学校办学条件得到极大改善，办学质量不断提升，图书量也升至1万册，成了全县条件最好的农村小学之一（见图2-9）。新小学按照寄宿制学校打造，五栋楼中两栋是教学楼，住宿楼可满足全部学生住宿需求；学校从2010年开始供应营养午餐，2011年后更是增至营养三餐（2015年调回营养午餐），这些不仅吸引了原石山乡几村的学生，还吸引了周边其他几个乡镇的学生，学生人数在全县小学中升至第二。当年全校482名学生中，牛村本村学生162名、石山本乡外村学生194名，还有外乡镇学生126名。据学生花名册登记情况粗略统计，牛村小

图2-9 牛村小学

学的学生生源地覆盖本县 15 个乡镇中的 8 个，以及邻近 2 县。这从侧面反映了牛村小学教育质量在当地的水平。

2017 年，牛村小学教职工增至 36 人，当年在校学生 480 人，实际住宿生 440 人，本村很多家住学校附近的孩子也都在学校寄宿，以便有更好的学业空间和时间。

牛村小学旧址则于 2014 年在县教育部门的支持下转而开办了幼儿园。全园共 14 个老师，每年招收学生 120 人左右。这所幼儿园也是附近几个乡镇唯一一所村级公办幼儿园，学生也同样来自周边几个村，部分来自较远外村的家长还在幼儿园的周边租房，就近照顾孩童入园上学。

牛村还曾经办过一段时间的初中，村里的学生可以就近接受初中教育；但后来被撤掉，牛村学生上初中的机会也大大减少，这也直接导致今天牛村 35 岁以上的青壮年劳动力人口普遍只有小学文化程度。如今牛村教育资源和教学条件的巨大改变，让曾经吃过苦的上一代人很是感慨。

我今年 59 岁，生了三个娃娃，老公当年扔下我们娘儿几个走了，几个孩子全靠我一个人养大。当时老大在镇上读初中，一星期只能给 3 块钱。老二和老三在万县读，学校没住宿，没饭吃，我租房子给他们住，用袋子从家里砍柴火，用车拉到县里给他们用，煮饭吃，因为那时候不去县里就要去隔壁两个镇读初中，都太远了，交通又很不方便。租一小间房子住，没有菜吃从家里拿黄豆去煮，从家里带米去，一放学了自己煮，老三让姐姐煮饭，当时饿得很，吃不饱。现在好太多了，孙子读幼儿园，我去送的第一天，送到门口，老师还要摸他们的脑门儿、手心热不热，看到我想哭，他们现在过得那么好，我们那时候怎么那么苦。（牛村村民YCX）

另外，牛村教育还面临少数民族语言文化传承和教学等方面的问题。牛村苗族人口占比超过一半，而当地苗族与汉族一直交往甚少，基本不懂汉语，因此，苗族小孩的教育成了又一大问题——

苗族小孩不会说汉语，所以他们的学习都跟不上，压力大。一直到90年代，苗族小孩一直要到二、三年级才跟得上，第一年都要学汉语。我在的时候，牛村小学开始搞双语教学，那个时候我们办学前班算是办得最早的，从数数、说汉话开始教他们。（牛村退休老教师LYZ）

我家几个小孩都在牛村上小学，去的时候要慢慢学汉话，适应了才跟得上。小女儿6岁读一年级，到二、三年级才学会汉话，所以成绩难跟上，初中考试才考260分。我是6岁上小学才学汉话，慢慢学，那时候人家喊我们老苗，第一年最难，直接不会，老师教1、2、3都不懂。上课的时候有少数民族老师把上课的内容翻译成苗话，这个老师是红族的，但是他也懂不全。到后来我家娃娃上学的时候连翻译都没了。我们少数民族没人在单位上，没人教，只能自己学。现在就方便了，有了电视，小孩还没上学前就跟着学，这样学起来就快点。
50 岁以上的老人家现在还是连汉话都不懂的。（牛村村
民 YSL）

还有一部分孩子则是因为家庭经济条件差、兄弟姐妹
多，所以在国家实行免费义务教育之前无力支付学费而辍
学，或者干脆没上过学。

> 我这辈有四兄弟、四姐妹。八个人最高读到初中。
> 大哥 48 岁，小学学历，大嫂 48 岁，文盲。他们家有一
> 男一女。大的 23 岁，读到初中，小的 21 岁，读到初中，
> 媳妇也是读到初中。二哥 41 岁了，读到小学。我 38 岁，
> 小学没有毕业，老婆是文盲，大儿子 18 岁了，读到高一
> 读不下去了，二儿子 16 岁，现在在读高中。就我兄弟读
> 到初中。几个姐姐妹妹一个都没读书，全是文盲。那时
> 候没有办法，爷爷也死得早，因为是地主，经常被抓去
> 斗，后来自杀了，父母养我们几个就已经很难了，又没
> 有钱，所以就没有读了。（牛村村民 YSH）

总体上看，牛村教育起步较晚，历史积淀薄弱，再加
上整体经济收入水平较低，村民整体受教育水平也相对较
低。从课题组对牛村的抽样调查情况看，全村文盲人口占
比为 24.9%，小学文化程度占比为 37.1%，初中文化占比
为 26.8%，高中（含中专）文化占比为 7.8%，全村受过
高等教育的人非常少，仅有 3.4%，直到 2013 年，全村才

有第一个汉族本科毕业生，2015 年才有第一个苗族本科毕业生。到 2017 年调研时，牛村加上在读学生一共只有 29人具有高中以上学历，其中本科 6 人，大专 14 人，目前毕业的也仅有 9 人。这 29 人中，苗族 15 人，汉族 14 人，比例基本与全村人口结构持平，但苗族学生中大专生占比更高，只有两个本科生，而且有两个苗族村民组至今没有大学生。但是整体上，情况还是在好转。

（二）医疗

从参保情况看，牛村 99% 的村民都已参加了新型农村合作医疗，只有少数长期在外打工不返乡的人没有参保。牛村医疗方面目前最大的问题在于资源匮乏——老的卫生室由于房屋破旧，已成危房，而规划新建的卫生院尚在建设中，截至调研时，牛村卫生室临时安置在牛村街道一栋楼房内。

因为牛村位置和交通便利，2017 年之前牛村的卫生室都是两名村医，比一般村级卫生室多 1 名，以方便辐射周边 3 个村的村民过来看病。2017 年，因镇级医疗资源紧缺，牛村 1 名村医被调入石山乡卫生院，仅余 1 名没有资格证书的村医负责牛村及邻村共两个村的村级医疗，从村民反映来看，目前医疗水平较低，该村医还曾发生过医疗事故。整体而言，牛村目前医疗卫生资源比较匮乏，民众的医疗服务需求无法较好地满足，亟待新卫生院的建成。

五　产业扶贫：尚待市场检验

牛村的产业扶贫可以追溯到20世纪80年代，特别是八七扶贫攻坚时期，先后主要实施了种养殖产业补贴、小额信贷产业扶持和退耕还林补贴三大类产业扶贫项目。

在这三大类扶贫项目中，如前所述，退耕还林政策的收效最好，两轮政策实施下来取得的生态和经济效益均为最佳，尤其是第二轮退耕还林政策的补助力度和补贴标准较第一轮有较大的提升，农民种植的杉树等经济林木还有较高的市场价值和前景。退耕还林政策既改善了当地的生态环境，又使农民获得了直接的经济收益，自然也最受农户欢迎。多年下来，牛村农户共退耕还林1600亩。其次是20世纪90年代推出的小额信贷项目，每户2000元的产业扶持也取得了一定的效益。而整体来看，实施项目最多、密集度最高、投入资金最大的种养殖产业补贴类扶贫项目则既有成功更有失败。

调研组对牛村过去30多年中申获并实施的产业发展型扶贫项目进行了粗略统计（见表2-5），限于时间跨度较长、项目来源复杂、报道人记忆不清，以及可靠的文字资料缺乏等多方因素，表中所列项目仅是其中一小部分，但也能从一个侧面反映国家对石山地区脱贫的扶持力度，能获得如此持续、高密度扶贫项目投入的贫困村在全国都不多见。

（一）散户种养殖

产业扶贫初期主要还是面向散户种养殖，牛村最早实施的政府重点扶持产业项目就是养殖黑山羊；20世纪90年代之后，政府对牛村开始陆续实施了种植杜仲、黄皮、花椒、核桃、桃子、板栗、金银花、油茶、脆红李、菊花、杉树等10多种经济作物的产业项目扶持。

表2-5 牛村部分产业扶贫项目统计

类别	时间	项目	实施情况	实施效果
养殖类	1988年	黑山羊		效益较好
	20世纪90年代起	猪牛羊		产生一定效益
	2008年	黑山羊	每户补贴8000元	养殖农户很多，收益好
	2013年	养蜂	省统计局实施，项目资金2万元	带动几户人家规模养殖
	2015年	种草养牛	扶贫办实施，牛村30户养46头母牛，项目资金23万元	产生一定效益
		种草养羊	扶贫办实施，牛村70户养230只羊，项目资金60万元	因品种、成本、市场价格等问题失败
		绿壳蛋鸡	扶贫办实施，牛村10户养1万羽绿壳蛋鸡，项目资金20万元	因技术、市场、资金原因失败
种植类	1996年	杜仲、黄皮		市场价格大跌，失败
	2004年	花椒		气候不适，失败
	2008年	核桃	林业局实施，120户种核桃500亩	管理不善、长期不挂果
		桃子		无收益
		板栗		尚未见效益
	2011年	金银花		气候不适，失败
	2013年	油茶	林业局实施，每亩补助236元	老板跑路，失败
	2014年	脆红李	林业局实施，50户种植400亩，项目资金16万元	气候不适、市场价格大幅下跌，失败
	2018年	菊花	80户种植300亩，项目资金140万元	尚未开始产生效益

资料来源：牛村调研统计资料。

1. 较为成功的养殖项目

牛村传统就有羊、牛养殖历史，当地人养黑山羊、养牛都获得了较好的经济效益。尤其是石山地区的本地品种黑山羊，适应能力和抗病能力都比较强。1981年，万县也曾从外县引入 200 只山羊到石山乡一带试养，结果不到一年全部患病死亡，而本地的黑山羊则未出现任何病状。此后，当地政府就重点扶持黑山羊养殖项目。从 20 世纪八九十年代开始，黑山羊养殖规模猛增，整个牛村几乎家家都有羊。到 2008 年，全村养羊的农户也都得到政府的补贴。因为养殖时间久、羊肉质量好，石山的黑山羊已经形成了不错的口碑，远销沿海省份，市场价格一直较高。养羊成了牛村的一个支柱产业，养羊挣钱也成了牛村很多家庭最重要的经济收入，为他们提供了建房、子女上学等大量家庭花销。

> 我们这里随便一个年轻人都知道养牛羊的方法，我们这里的房子，孩子读书，以及娶媳妇都是靠养牛羊赚来的钱。黑山羊成为我们主要的经济收入。我们这里的人对养黑山羊的积极性是非常高的。黑山羊救了起码有90% 的（家庭）。（石山镇扶贫干部 L）

牛村养羊最出名的是罗冠华。1988 年，罗冠华就通过父辈的社交网络从县里获得了扶贫资源，靠养羊成为全村第一个万元户，几年后年收入达到 16 万元，到县里接受表彰，成为全县闻名的人物。20 世纪 90 年代初，贵州省组织的石山调查中有石山镇 15 户典型户，罗冠华就是其中一户，也是牛村唯一一户。当时他们家有田 1 亩、土 6 亩，近几年年均收粮 4400 斤；有牛一头，每年耕种完土地后立即卖掉，次年需要时再买；有马 2 匹，猪 3 头，种羊 20 只，鸡 20 多只。1990 年，罗冠华贷款买了 50 只黑山羊，经过三年养殖，到 1993 年卖出 100 只，不仅还清了全部贷款，还净赚了 5000 元。除了自己养，他们也贩卖黑山羊，从石山镇一带收购来再卖至外地，每年净获利至少也有 5000 元。此外，他们家每年出售仔猪收入在 800~1000 元，做马匹生意收入也有数百元。罗冠华一家 5 口人，主要劳动力有 3 个，20 世纪 90 年代初，他们家的人均收入至少都在 1700 元以上；家里有全寨子唯一一台收录机，还有缝纫机（全寨子也仅有两台）。直到现在，罗冠华仍是牛村最富有的人之一。

以前是我父母养，1988 年我自己开始独立养羊，万县农工部的陈同志来找我，说是上面有这个钱（政策补贴），拿羊给我喂，从那个时候我就一直喂到现在。因为他老爹和我父亲以前是打老庚（兄弟），他叫我养是给我一个发展的机会，等我发展了再拿钱去还，养三年之后才把钱给他们农工部，那个时候讲好是一只羊 50 元。他们说上面有这个政策，有这个指标，属于扶贫，我们觉得可以，就养了。当时养了 71 只，那时候养羊便宜，一只羊 50 元。羊是从易镇买来的，没钱坐车，我是慢慢走小路把羊赶到家的，走了两天的时间才到。那时候每年都要有 150 多只左右，卖也要卖百来只，边养边卖。从 1989 年就开始卖，那 50 元的贷款怎么都能卖得回来，最低都是一本一利，因为羊还在，一年它可以孕育两次，每次可以生两只。后来羊的价格慢慢涨起

来，到（二〇）〇几年的时候，我一年光是卖羊都能得四五万元，这是纯利润。（牛村养殖户罗冠华）

　　尽管黑山羊养殖是当地政府重点扶持的产业发展项目，但即便如此也经过了几次反复与波折，尤其是当黑山羊养殖项目与后来发展的众多种植项目发生冲突时。20 世纪 90 年代中后期，当地各个扶贫和帮扶部门对接了不同的产业扶贫项目，牛村先后开始发展杜仲、黄皮、花椒、金银花等种植业。为防止黑山羊啃食、破坏作物，当地政府对黑山羊养殖采取了一段禁养政策；但因很难完全禁止，后来又逐渐放开养殖项目，不过养殖的品种却从需要放养的黑山羊换成了可以圈养的其他引入品种。遗憾的是，由于当地高寒山区的特殊自然条件，引进品种的适应能力和抗病能力未能过关，很多跟着政府产业项目走的农户未能从种养生产和市场销售中成功获益；只有少数通晓当地自然环境、生产条件和市场行情的农户，就认准本地黑山羊以及逐渐培育成熟的黑山羊市场，不顾政策宣传坚持养羊，反而获得了持续稳定的收益。罗冠华就是这样一个典型。

　　2008 年那会儿养羊的很多，那时候上面说一家补贴8000 元，所以村里大部分人家都养羊。但他们后来都卖羊，就是因为宣传说卖了羊才能种金银花和花椒。听说有一年畜牧局和林业局"打官司"，林业局打不赢畜牧局的，毕竟上面的人不可能不吃羊肉，你说不准喂，要求都种金银花或者花椒，那还是不可能的。种植和养殖都可以，只给种、不给养是不可能的。只是说要管理好点，不要乱去吃人家的东西。只有我家和我大哥家还有另外一家没卖，其他家都卖得差不多了。（牛村养殖户罗冠华）

2. 失败居多的种植项目

相比黑山羊养殖，牛村的众多种植项目则多以失败收场。过去 20 多年，牛村先后发展过的 10 多种经济作物，大多不同程度地经历了引种失败、技术不足、管理不善或是市场淘汰。

以核桃种植项目为例。石山乡从 2005 年开始发展核桃种植，后来在几次领导考察时也被确定为当地重点支持的产业项目，所以石山全乡包括牛村在内，都实施了几个批次的核桃种植项目。但是到现在，石山全乡村民地里也见不到多少核桃树。一方面，外地引种的作物有一个适应当地自然环境的过程，但石山乡引种的核桃项目很难适应当地的气候条件，特别是牛村的高寒气候条件，很难保成活，再加上当地农户缺乏核桃养护的知识和技术，管理不善更是普遍，自然很难产生经济效益；另一方面，当地的核桃种植项目是由政府交给外部公司来实施的，公司把核桃苗分发到各家农户种植，承诺每种一棵付给农户 5 元，但是最后核桃苗的成活率不达标，验收不能合格，公司未能得到政府的全部项目款，故而承诺给农户的钱便一分未付。农户种了核桃却得不到"承诺"的项目扶持资金，时间一长更是无心管护，如此便陷入了恶性循环，土地整体利用效率不断下降。

当然，也有一些坚持种核桃而且种活的人，他们认为农户个人管理不善是主因。

> 这些政策都落实下来了，但是都是失败的，原因就是农户不重视，自家搞不出来，不按照政府说的做，只是说国家买来种，但是他不管，然后就失败，东西栽下去是要人管的，我家的核桃苗就是好好的，但是他们的就不行，栽了就放在那里。这个项目是上面的项目，但是老板要送苗，为这个项目我当时还和乡里面的干部到云南看人家的种苗，树苗拿来其他家的不活，就是我家的活了，现在成山林了。（牛村村民RQW）

RQW是村里的老支书，当年他作为村干部必须带头种核桃。不过，尽管他家的核桃种活了，也成林了，但至今已近十年过去，核桃树却依旧未能挂果。抛开日常的各种成本不计，土地近10年没有产生任何经济效益是不争的事实。当然，如果是已经到产出期，那么再最后坚持一下也还是很有希望的。

> 我家的核桃还没挂果，按计划是要挂了，原来宣传说的是6年（挂果），但是现在8年了，我再拿3年来看一下，再不挂果估计是假的。但是当时我们是干部，必须要带头种，你不种别人也不会种。要是能挂果的话我就有好处，现在我们这里的核桃已经十多块，我的这些核桃还是可以管好几万。（牛村村民RQW）

除了引种项目选择失败、不能适应当地水土、难以管护和产出等原因之外，牛村的种植类项目还有一种失败的情况就是，地也种了，苗也有了收成，但是市场销路却出了问题。就像杜仲，项目宣传和推广之初，也是因为当地政府部门和农户都看到市场价格不错，所以大面积引种；但是等到牛村的农户种出来的时候，市场上已经过气，没有人来收购了。

前期参与核桃、金银花、油茶等项目种植占用了农户大量土地，却迟迟得不到相应的收益，一些政策补贴还因为验收原因不能及时到位，所以在村民看来，这些种植项目是接连失败的。而当农户们想把这些种植项目占用的土地改而申请退耕还林用地时，却因为土地造册上已经进入了当地政府的扶贫项目数据库，所以不能享受第二次项目或政策补贴，村民也越发对这类产业扶持项目失去了信心和兴趣。

简单对比一下牛村散户的种养殖项目投入情况和收益情况就能明显看出，在产业发展中坚持适宜本地自然环境和农作物条件的项目，以及认识到市场作为一只"看不见的手"对生产经营的调节作用是多么关键。

（二）精准扶贫：大户带动

随着中国扶贫进入"精准扶贫"阶段，2014年以后，经过多轮的精准识别和"回头看"工作，牛村的贫困人口不断被越来越精准地识别了出来，成了"建档立卡贫困户"、进了数据库。这些人也成了扶贫工作话语中"最难啃的硬骨头"。相对于普通农户,他们不仅自身发展条件最为薄弱,而且所谓的"发展的内生动力"也尤为不足。

为了帮助这些政策对象摆脱贫困,当地政府在设计产业扶贫项目时,更多地将项目资源向一些龙头企业、合作社和村庄大户集中,希望能以此带动自身发展能力不足的贫困户获得发展、稳定脱贫。同时,从地州一级开始,向下推出一些重点发展的扶贫产业,以期能有更高的市场风险调控能力。黔州主推的一项产业发展扶贫项目是养殖绿壳蛋鸡,牛村则是村干部带头成立合作社来努力带动贫困户发展。但是,项目终究还是未能按预期获益。

2015年,州级帮扶单位和领导将绿壳蛋鸡项目引进到石山乡,项目总资金为80万元;牛村获得了一个示范点建设项目,投入资金20万元,计划养殖绿壳蛋鸡1万只。该产业项目的设计初衷是,在生产养殖上,政府一只鸡补贴20元,具体包含鸡苗购买(13元/只)、修建圈舍(5元/只)、防疫(2元/只)等费用,由大户带动精准扶贫户一起养;在成品销售上,由镇政府出面协调,约定将鸡蛋或鸡肉卖给当地学校和政府食堂等。

为了承接这一项目,牛村主要负责的村干部带头,发动3户贫困户一起投入20万元成立了合作社,其中贷款12万元,后来又带动6户建档立卡贫困户一起发展。该合作社以村委名义创办,一是方便承接政府的扶贫项目资源;二是为了发展集体经济,消灭空壳村;三是通过合作社承接国家资源搞发展、做管理,一定程度上激励牵头办合作社的村干部等管理者，他们虽然是全职投入村里的各项工作，但是待遇非常低，"一个月随便出去干点儿啥都比村里（当干部）拿得多，有时候还得拿自家的钱往（村）里倒贴"，如果合作社发展得好，他们作为管理者和参与者，多多少少也会获得一些收益。

　　政府下达一个文件要求以大户带动精准户来搞这个项目，我们牛村绿壳蛋鸡示范点是我来搞的，是说村干部和党员干部要带头。我一个人来做是做不起的，我们一开始是4个人合股，其中有一个是大户，有3个是精准户，我们再带动6户精准户。从2015年3月份开始实施到修好鸡圈和基础设施，2015年5月16日鸡苗进来，一共是4350只，到现在我们还没有拿到国家项目资金。（牛村村干部YSY）

　　但是，在基础薄弱的地方发展一项新产业，伴随机会而来的总少不了各种风险。随着牛村合作社贷款筹钱买鸡苗、建鸡舍，一步一步把绿壳蛋鸡养殖做了起来，各种问题也开始暴露。一方面，鸡苗的环境适应性、大规模养殖所需的技术要求都远超村民的预期，成了摆在他们面前无法破解的难题，只能眼看着鸡苗大量死亡。另一方面，资金周转也让他们"压力山大"。原以为自己贷款先启动，后续可以有政府的项目资金支持鸡苗喂养、防疫等，以支撑项目正常运转下去，但是从负责项目的村干部到参与合作社的贫困户，让他们没想到的是，就在他们先期投入巨资苦等资金支援时，乡里却始终无法兑现当初宣传时所做的承诺，政府的项目资金也迟迟不能到位。

现在我们一是缺少技术，二是管理，就是防疫和管理（不擅长），鸡的病情比羊牛传染要广，又不能全部预防。我们经验不足，买鸡苗的时候他说防疫了四次，但是实际可能没有。还有就是气候和饮食，要喂饲料，但是突然没有钱买饲料改喂苞谷，我们只喂了一个月饲料，后面喂苞谷就出问题了，而且我们这里又比较冷。我们第一批4000多只鸡，死掉2000来只，杀了卖给学校1000多只，现在还有1000多只。我们投入的资金太大了，买鸡苗是贷款买的，4000多只鸡就花了5万元。还有鸡圈，总共六七万元，鸡又是天天吃。目前我们已经投了24万，一分钱补助都没得到。款我们贷了，亲戚的钱我们借了，如果政府不管我们，这个产业肯定要倒闭。（如果）政府把20万（项目补贴资金）打给我，我就只亏4万，我再贷款就搞起来了。万一政府答应给的钱不给，我只能养这些了，下面发展得好我就自己发展，搞不好我只能认栽了。也许是我们当初没有想得那么周到，养鸡的风险太大，政府是下的政治任务，我作为干部，必须要把任务完成。（牛村村干部 YSY）

绿壳蛋鸡的养殖成本比本地土鸡要高得多。在前期大量投入的情况下，为了维持养鸡场的运转，即使政府的项目资金一直不能到位，合作社的农户也还要每天不停地往里投入。

> 饲料是 5000 块钱一吨，从县里拉来 25 包，80 斤一包，只能喂十多天，一天还要 200 斤苞谷，一块钱一斤。每只鸡一天要（吃）四两苞谷。养到现在 8 个月了，饲料花了 1 万多，苞谷 10 万斤，还有药一两万，工钱六个月 9400 块钱。产蛋房也是租的土地，挖平就用了 5000 块钱，那一块场地就花了 1 万多。到现在鸡卖了大约 1200 只，卖给乡里的学校，杀了卖是 20 元一斤，活鸡卖是 18 元。单独喂公鸡能长到 5 斤，半年时间一只鸡喂苞谷 72 斤就是 72 元，（鸡肉）5 斤能卖 100 元，这样就有赚的。但是我们卖的鸡平均是 3 斤，亏得没办法，只能拿蛋来担，现在卖了 5000 多个蛋。原来的计划是，如果养 1 万只鸡，只要有一半母鸡，一天产 2500 个蛋，就有 2500 元。这样算下来是赚钱的，现在是亏本的，一是苞谷比原来宣传的要用得多，二是我们才有 800 只母鸡，最高才（产）280 个蛋。我们又不会认（鸡苗公母），搞下来母鸡还占不到 20%。（牛村村干部 YSY）

但当看到项目支持等待无望，而个人继续投入又可能是个无底洞时，入股合作社的 4 个人中，有 3 人先后退了出来、及时止损，只剩下 YSF 一人苦苦支撑。等到最终要来项目款时，合作社已经解体了，最初的 1 万只鸡也只剩几百只了。

政府喊我们养绿壳蛋鸡，按照政府的说法，我们养1万只鸡，可以得到20万元的项目补助。我们按照政府的要求去做，一直等他们来验收，他们就是不来。没过多久，我们的鸡不断死，第一批5000只死了2000多只。我们的技术跟不上，资金又不到位，没钱买玉米、饲料、药品。鸡苗买来时虽然脱温了，但我们这里的气候一样比较冷，鸡一样死。为了搞这个项目，支书投了4万多，我投了4万多，开中巴车的韦司机投了5万多，升发投了3万，四个人的投入就已经接近20万元了。看到情况不对，我第一个退出来，当时我们四个有协议，中途退出一律不参与和享受养殖场的任何股份和分红，本金都不退，我的4万多就这么直接丢了。但如果不退，可能亏得更多。接着，支书、韦司机都退了，最后升发没办法了，就去找政府才兑现，但是也只得了17万。现在这1万只鸡还剩六七百只。（牛村村干部YSM）

尽管YSF支撑到最后，也最终拿到了政府的项目资金（虽然并不是20万元足额拿到），但因为前期投入大、鸡苗成活少，而且市场销路也不能如预期那般通畅，农产品的商品化程度很低，经济收益少，反而成了投入越多、亏得最多的一个。

我现在有一两万只鸡蛋，没有人要。2015年，来帮扶我们的领导在我们村搞了一个石山乡电商城，说可以帮助解决销售问题，但开了一个多月就关门了，一个也没帮我们卖出去。有一段时间，县里人社局来定时购买，帮我们解决了一部分，后来人社局的领导换了，就没有来人买了。我们的鸡蛋卖不出去，最后就坏掉了，坏掉的都有一两万只。上个月的（鸡蛋）几乎没有卖掉，都拿来喂猪了。这一年里卖了一两万只鸡蛋。我总共算下来一共亏了17万元。还借了特惠贷5万元。我们去考察过，人家的销路都是固定的，做得很好。那边的养鸡模式和我们这边不一样，是有大公司老板或者大户来承包，老板发给村民鸡苗，然后他们回收鸡蛋，然后在政府的帮助下找到销路，比如学校和超市，他们这是有保证的。我们这边销路并没有规划好，让我们这些弱势群体去找销路，这必定是失败的。（养鸡场负责人YSF）

产业扶贫是一地政府直接干预乡村发展的方式之一，目的是希望通过发展产业带动农民脱贫致富。而以大户、合作社等带动发展的政策初衷，一方面是为了提高扶贫资源的使用效率、避免"撒胡椒面"，另一方面也尽可能地提高抗风险能力、降低贫困户散户的风险；此外，发挥带头作用的大户是本地人，这样的带动发展也是嵌入在当地熟人社会之中的一种"在地化"发展，能更多地将收益保留在当地，也能更多地规避外来老板套钱、骗钱的情况。那么，为什么这样的帮扶发展政策却不能顺利实现政策设计的初衷呢？

产业发展关键有二：一是产品，二是市场。农业产业受制于自然条件、产品特性等，在产品和市场上容易遭遇更大的风险。但是，产业扶贫中，在自上而下的项目产生和落地机制下，首先在生产环节就面临项目引进时论证不足的可能，继而带来当地实际生产条件不符、农户经验不足、产出效率低下等的风险；其次在销售环节面临市场狭窄、生产周期滞后、产品滞销等的风险。因此，项目一旦失败，不仅不能起到带动贫困户发展的目的，反而可能将合作社发起人、大户等原本有一定资金实力和发展能力的人一同卷入泥潭，遭受巨大的经济损失，变成"发展项目的受害者"。同样，反过来，如果项目能取得成功，往往也是这些原本就有一定资金实力和发展能力的大户、富裕者从国家的扶贫资源和政策补贴中收获了最大份额，成为"最大受益者"。而且在整个项目实施过程中，限于资金投入等"硬核实力"，贫困户的真正参与是极少的，因此，他们不仅所获经济收益少，而且始终是"发展能力"的欠缺者，是发展路上的掉队者，在村庄的发展格局中也始终处于边缘地位。

　　总体上，在产业发展扶贫中，最关键的是要通过政策支持提升农户的发展能力，包括生产能力、通晓并适应市场的能力，以及抵抗各种风险的能力等；同时，也要尊重农户的地方性生产知识和长期积累的市场经验，在地方产业发展中尽可能减少政府对农民市场行为干预的负面影响。牛村罗冠华一家认清生产条件、认准市场行情、坚持养殖黑山羊并最终发家致富，正是这样的典型案例之一。

六 村民生活状况

整体而言，经过过去 20 多年尤其是近几年的集中大力投入，石山乡已经发生了巨变，在生态恢复、石漠化治理的所有努力之下，石山的"水土"已是今非昔比，实现了突破性的改善；各项基础设施、市场、移民点项目的建设和公共服务的进入等，也让牛村面貌焕然一新。尽管目前的产业发展有起落，但对于大半生都在与老天爷抢饭吃、饱经各种风霜洗礼和农业风险的大多数村民而言，牛村如今的变化是他们前半生想都未曾想过的，而这些巨变也让他们产生了一生中少有的满足感和对未来生活的希望。

在访谈中，村里一位 80 多岁的老人回忆了他近乎一生的经历。当我们问他，觉得这辈子什么时候日子最好过时，他告诉我们说，就是最近这几年越来越好，近三年是最好的。在对牛村各个村寨更多农户的访谈中，我们了解到，在这个问题的回答上，大家普遍认同之前老人的说法，都认为近几年来生活的变化最为明显，越来越好的生活很让他们满意。

在总课题组编制的《精准扶贫精准脱贫百村调研住户问卷调查》中，有三道针对生活现状、近年生活变化以及对未来生活预期的题目，分别是"总体来看，对现在生活状况满意程度""与 5 年前比，你家的生活变得怎么样""你觉得 5 年后，你家的生活会变得怎么样"。我们对牛村 33 户建档立卡贫困户、36 户非贫困户共 69 户调查问卷中这几题的回答情况进行了简单统计（见图 2-10 至图

2-12）。

从统计图中可以看出，牛村参与调查的农户中，近三成（20户、29%）对当前生活总体满意，其中非常满意农户占比为7%，比较满意为22%；超四成（28户、41%）农户认为当前生活差不多；还有三成（21户、30%）农户对当前生活不满意。但是，从历时比较来看，超过七成（53户、77%）都认为自家的生活与5年前相比变好了；还有11户、16%认为自家生活变化相差不大，只有5户、7%的农户觉得现在过得不如5年前。总体上，牛村村民认为当下生活状况过得去，相比过去几年变化还是比较大的，他们对这种好的变化也比较满意、比较肯定。

在三成对当前生活不尽满意的农户中，9户（42.86%）认为生活相比5年前变好了，7户（33.33%）认为差不多，

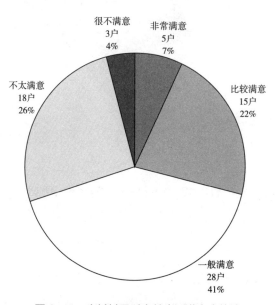

图2-10　牛村村民对当前生活满意度统计

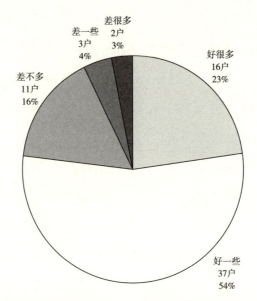

图 2-11　牛村村民对"当下与 5 年前生活变化"主观评价统计

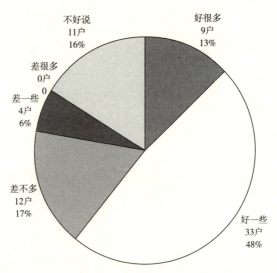

图 2-12　牛村村民对"5 年后生活预期"主观评价统计

5 户（23.81%）则认为生活变差了。再结合未来生活预期一题，我们进一步对这 21 户农户的回答情况做了简单统计发现，9 户（42.86%）认为会好一些，5 户（23.81%）认为差不多，4 户（19.05%）认为不好说，3 户（14.29%）认为可能会变差一些（见图 2-13）。再与前述自认生活相比 5 年前变好了的 9 户做交叉分析，发现其中 6 户认为 5 年后会更好一些，1 户认为跟现在差不多，2 户认为不好说。而全部 69 户对 5 年后生活预期的态度是：9 户（13%）认为会好很多，33 户（48%）认为会好一些，12 户（17%）认为跟现在差不多，11 户（16%）认为不好说，4 户（6%）认为会变差一些。总体上，近六成的农户对未来生活和发展持相对乐观、积极的态度，1/3 的农户持相对保守态度，只

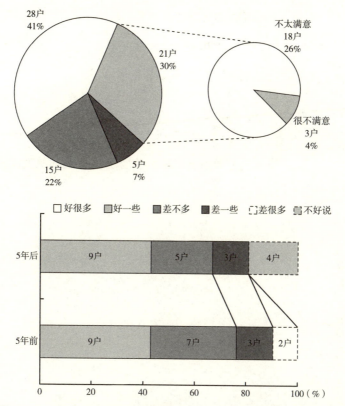

图 2-13　牛村对当前生活不满意农户对"当下与 5 年前生活变化"及对"5 年后生活预期"主观评价对比统计

有近 6% 的农户态度较为消极。

　　尽管牛村村民对近年生活的满意度和对未来生活的可期性并不完全是由国家的扶贫工作和外部干预带来的，也不是所有的扶贫政策都完全合理、收效甚佳；但是，从中央到地方各级政府的各类扶贫政策工具还是给牛村带来了巨大的资源投入和村貌改善，对此，牛村村民都是认可的，他们的满足感也在言辞间时常都能感受到。一位曾前往牛村做搬迁动员工作的县干部告诉我们——

　　　　我们去牛村动员的时候，他们就问我："老书记，我们现在都过得这么好了，还要叫我们搬迁，我们搬迁出去，还能让我们过什么好的生活呢？"他们觉得自己已经很幸福了。（万县某领导 H）

　　可以说，牛村村民的幸福感正是在过去 30 多年国家政策、地方政府和村民的多方努力下共同筑就起来的。

第三章

石山整乡搬迁：政策过程及问题

　　2016 年，中国进入"十三五"脱贫攻坚战决战决胜关键期。以 2015 年 11 月国家颁布实施的《中共中央国务院关于打赢脱贫攻坚战的决定》（以下简称《决定》）为纲领，中央政府提出到 2020 年稳定实现农村贫困人口不愁吃、不愁穿，义务教育、基本医疗和住房安全有保障（以下简称"两不愁、三保障"）；国家现行标准下农村贫困人口实现脱贫，贫困县全部摘帽，解决区域性整体贫困的总体目标。在此基础上，依据国家"十三五"规划（2016~2020 年），2016 年《全国"十三五"易地扶贫搬迁规划》和《"十三五"脱贫攻坚规划》也相继出台。在这些决定和规划中，易地搬迁脱贫均占据重要篇幅，同时"实施易地扶贫搬迁贫困人口"也是脱贫主要指标之一。

作为贫困人口面大、贫困程度深、贫困发生率高、致贫诱因复杂的省份，面对一系列现实挑战，易地扶贫搬迁成为贵州省扶贫工作的一项重要政策工具和红利，黔州更是将易地扶贫搬迁作为域内石漠化连片特困地区决战脱贫攻坚的突破口，以全省乃至全国最大的力度来推进，在对符合"双50"（即户数在50户以下、贫困发生率在50%以上）的自然村寨优先实施整村搬迁的基础上，更是突破性地提出连片特困重点区域整乡搬迁的计划，共涉及包含万县在内的4个县份的数万名人口。

2016年5月，石山全乡被列为整乡搬迁对象。按照该整乡搬迁跨区域城镇安置计划，包含建档立卡贫困户和随迁非贫困户在内的所有农户共1900余户8000余人将搬迁到200公里外的州府所在地某新区进行城镇化集中安置。本节即从政策过程的视角，对这一影响广泛且深远的整乡搬迁计划在不同层级的提出、施行和落地情况进行呈现。

第一节　政策设计：省级层面的弹性空间

2016年始，贵州省出台了《关于深入推进新时期易地扶贫搬迁工作的意见》（以下简称贵州省《意见》），以指导开展新时期的易地扶贫搬迁工作。按文件规定，

"十三五"时期，贵州全省将对"一方水土养不起一方人"地方的130万建档立卡贫困人口实施易地扶贫搬迁，① 年度分解指标具体为：2016年实施搬迁34.5万人，2017~2018年每年实施搬迁40万人，2019年实施搬迁15.5万人。②

一　搬迁对象确定

全省130万实施易地扶贫搬迁的建档立卡贫困人口如何选定？从中央文件规定来看，搬迁原则需坚持群众自愿、应搬尽搬、积极稳妥，"不搞强迫命令，避免并防止以易地扶贫搬迁之名搞'运动式'搬迁"；搬迁方式坚持自然村整村搬迁（约占34.7%）和分散搬迁（65.3%）相结合。按照贵州省《意见》和《贵州省易地扶贫搬迁工程实施规划(2016~2020年)》（以下简称贵州省《规划》）等文件，实施搬迁的对象主要确定为：居住在自然条件差、贫困程度深、"一方水土养不起一方人"地方的建档立卡贫困人口，以及少量达到一定标准、需整村整寨同步搬迁的非建档立卡贫困人口。

搬迁对象的确定还应同时满足迁出地区域认定条件和搬迁家庭个体认定条件。其中，迁出地区域认定条件包括：生存环境差、人地矛盾突出、不具备基本生产生活条件的

---

① 130万建档立卡贫困人口搬迁规模从何而来、如何而定，这是另外一个值得研究的重大问题，此处暂不展开。

② 据相关报道，后来该年度分解指标调整为，要求2018年完成全部搬迁任务。

地方；生态环境脆弱，限制或不宜开发的地方；距城镇和交通干道较远、基础设施和公共服务设施难以延伸的地方；贫困发生率高、扶贫成本高的地方；地质灾害多发、安全隐患较大的地方。主要是依据生存、生产、生态条件和基本公共服务覆盖条件而定。搬迁家庭个体认定条件包括：住房条件相对较差，愿意参加易地扶贫搬迁的建档立卡贫困户；生产资源相对较少，靠就地就近从事劳动生产难以脱贫的建档立卡贫困户；生活在地质灾害多发区、隐患区，愿意通过易地扶贫搬迁避险和脱贫的建档立卡贫困户。可见，基本上照顾到主客观两个方面，即建档立卡贫困户有易地搬迁的主观意愿，同时存在易地搬迁改善生产、生活、生存条件的客观必要。

在以上两个条件之外，为了用好国家易地搬迁政策红利、为本省更多贫困人口谋得政策福利，同时更好完成"十三五"搬迁任务，贵州省还在全国此前整体搬迁经验的基础上，针对整村（寨）同步搬迁出台了一项"双50"政策，即对总户数低于50户、贫困发生率高于50%的自然村寨和村民小组实行整体搬迁。这将在130万易地扶贫搬迁建档立卡贫困人口之外，产生32.5万同步搬迁的非贫困人口。与此同时，除了"十三五"易地搬迁工程规划确定的162.5万易地搬迁人口外，为了实现各村内公路的"组组通"，贵州省还计划自筹资金，对那些居民总户数低于30户，且居住较为分散、基础设施建设和公共服务供给成本高的村寨或村民小组实施以中心村为主的就近搬迁、集中安置，这部分涉及人口数量约为35万人。因此，

"十三五"期间，贵州全省各类易地搬迁人口总计将达到197.5万人，[①] 这一规模在全国是最大的。

二 搬迁安置方式

从国家"十三五"易地扶贫搬迁规划来看，在搬迁安置方式上建议采取集中安置（76.4%）与分散安置（23.6%）相统筹进行安排，以集中安置为主。其中，集中安置的类型具体包括：行政村内就近安置（占集中安置的39%）、建设移民新村安置（占集中安置的15%）、小城镇或工业园区安置（占集中安置的37%）、乡村旅游区安置（占集中安置的5%）和纳入供养机构等其他安置方式（占集中安置的4%）。

整体上，中央政府的指导意见为多种方式的组合，且集中安置的近六成还是安排为村庄就近安置、有土安置，包括行政村内、移民新村以及部分乡村旅游区等，移民也主要保留在农业、农业＋等较为熟悉的生产领域和生活系统。从全国其他省份的实践看，也基本上采取了以就近安置、有土安置为主的安置方式。相形之下，贵州省许是唯一一个对贫困人口近乎全部实行集中安置且以城镇安置为主的省份。

2016年，贵州确立了以城镇安置、集中安置为主，多种安置方式为补充的多元安置方式。当年，全省实施易地

---

① 这一数字最终调整为188万人。

扶贫搬迁的总人口（含同步搬迁非贫困人口）为45万人，共建设移民安置点562个，其中城镇安置人口占88.4%，农村安置人口占11.6%，集中安置率高达99.68%。2017年，贵州拟对全省75万人进行搬迁，省委、省政府提出在易地扶贫搬迁中实行"两个全部"，即在安置去向上，全部实行城镇化安置，以市（自治州）政府所在城市和县城安置为主、以中心集镇安置为补充；在安置方式上，全部实行集中安置，不再允许分散安置。对于本县安置容量不足的，鼓励跨县、跨市（自治州）进行跨区域安置。也就是说，2017年之前，贵州易地扶贫搬迁在安置点的选择上还保留了以中心村为主的农村这一选项，但2017年之后就基本放弃了中心村，转而全部实行城镇化安置，且以市区和县城为主，中心集镇仅留了极小的开口，基本不再有农村就近安置、带土安置或分散安置的选项。

从调研中获知，省级相关部门对"两个全部"这一调整的解释是贵州土地资源紧缺、人地矛盾突出，依靠农业安置的容量有限。同时，随着贵州全省城镇化、工业化的发展，城市已经具备了良好的安置条件和就业空间，城市的基础设施、公共服务水平远远高于农村水平；只有向城镇流动，才能真正从根本上改变生产、生活条件；城镇集中安置，既能让城市的优质资源惠及农村贫困群众脱贫致富，也能让搬迁农户向城镇聚集助推城镇化发展，这是"双赢"的选择。

有些省是农村安置多一点，比如西北的甘肃、宁夏，还有我们周边的一些省，农村安置比较多。我们最大的特点就是土地少、耕地少，人均耕地资源很少，我们人均耕地才几分地。人均耕地少，再去有土安置，你安置不下，找不到土地资源支撑。所以，我们实行城镇化安置。（贵州省水库和生态移民局某同志Y）

贵州省选择主要对搬迁人口进行城镇化安置的另一个重要理由和政策支持是，过去的水库移民搬往城市的效果往往也都比较好。

我们若干年搞水库移民，有了长期的实践经验总结。回头看，往城镇走的，现在都生活得很好，都脱贫了，甚至富裕了。凡是在农村，山上搬山下，或者水库靠后安置的，即从低处往高处搬，无论哪种搬迁，在农村生活的老百姓还是很困难，比较贫穷。因此"十三五"的易地扶贫搬迁全部要搞城镇化安置。（贵州省水库和生态移民局某同志Y）

以此，贵州省级层面在搬迁对象的确定上虽然照顾到搬迁家庭的搬迁意愿，但是后续在搬迁去向和安置类型上却进行了较大调整，基本关闭了分散安置以及村庄或集镇就近安置、有土安置的选项，这无形中影响了部分家庭的搬迁意愿，放大了他们对于搬迁后续生计系统断裂和城镇适应的担心，尤其是对风险感知更强、抵御能力更弱的脆弱贫困人口而言。

三　搬迁资金来源

整乡人口举家搬迁，对于各级地方政府和个体搬迁家庭而言，都是一笔巨大的经济账。从中央规划来看，易地扶贫搬迁工程的资金来源主要包括中央预算内投资、地方政府债务资金、专项建设基金、低成本长期贷款和农户自筹资金等五个方面（见表3–1）。

表3–1　"十三五"易地扶贫搬迁工程投资及资金筹措方案

单位：亿元，%

项目	数额	比例	资金来源及构成
建档立卡搬迁人口住房和安置区建设	5922	62.58	中央预算内投资（800）、地方政府债务资金（994）、专项建设基金（债券，500）、低成本长期贷款（央财适当贴息，3413）、农户自筹资金（215）
住房建设	3094	32.70	中央预算内投资、地方政府债务资金、专项建设基金、低成本长期贷款、农户自筹资金
配套基础设施建设	1962	20.73	专项建设基金、低成本长期贷款、农户自筹资金
基本公共服务设施建设	866	9.15	
同步搬迁人口住房建设	2640	27.90	农户自筹资金（683）、地方自筹及整合其他资金（1957）
安置用地征地、土地整治、生态修复等	901	9.52	地方自筹及整合其他资金

资料来源：国家发展改革委：《全国"十三五"易地扶贫搬迁规划》，2016年9月。

根据贵州省《规划》，全省规划新建住房近40万套，住房补助标准为：建档立卡贫困人口2万元/人，非贫困人口1.2万元/人。在此基础上，签订旧房拆除协议并按期拆除的，人均奖励1.5万元，还有土地复垦费是3000元/人。此外，还有安置区道路、饮水管网、电网和安置区绿化亮化等配套基础设施建设，以及学校和幼儿园、卫生院所、村级服务设施等公共服务设施建设，配套基础设施建设投资根据项目实际情况合理安排，投资概算按人均 2 万元控制。贵州全省"十三五"时期易地搬迁工程静态总投资测算约为 975 亿元（见表 3-2、表 3-3）。

表 3-2　贵州省"十三五"时期易地扶贫搬迁静态总投资构成

单位：亿元，%

项目	总投资	所占比例
总投资	975.0558	100
建档立卡贫困人口住房建设	482.739	49.51
同步搬迁人口住房建设	118.54541	12.16
安置区配套基础设施	325.0186	33.33
土地复垦	48.75279	5

资料来源：贵州省发展和改革委员会：《贵州省易地扶贫搬迁工程实施规划（2016~2020 年）》，2016 年 12 月。

表 3-3　贵州省"十三五"时期易地扶贫搬迁资金筹措计划

单位：亿元，%

项目	总投资	所占比例
总投资	975.0558	100
中央预算内投资	104.376	10.70
地方政府债券	126.7	12.99
专项建设基金	68	6.98
低成本长期贷款	455	46.66
农户自筹资金	58.1333	5.96
其中：建档立卡搬迁人口	26.094	—
同步搬迁人口	32.0393	—
省级财政统筹相关资金	94.14	9.66
其他融资资金	68.7065	7.05

资料来源：贵州省发展和改革委员会：《贵州省易地扶贫搬迁工程实施规划（2016~2020 年）》，2016 年 12 月。

巨大的移民搬迁规模需要庞大的资金支持。为了解决资金筹措和管理，按照国家要求，贵州省在 2015 年 12 月底建立了省扶贫开发投资有限责任公司，作为专门的融资平台，负责承接省级统筹的相关专项资金、国家专项建设基金、省级政府债券资金，承贷金融机构政策性长期低息贷款和其他贷款资金，统一用于易地扶贫搬迁。

　　按国家的计划，建档立卡人口的补助是 6 万元 1 人，老百姓要自筹 2000 块钱，但是后来不要老百姓自筹了，总共补助就是 5.8 万 1 人，国家中央财政给 8000 元，剩下的 5 万元是由省里来筹，其中，大概地方政府要出 1 万元，专项基金是 5000 元。还有一块就是随迁的非贫困人口，是 5 万元 1 人，省财政给一部分，剩下的是靠贷款。

　　在融资平台设立之前，地方要配套，按照人均 15000 元的标准现金注资，我们搬迁建档立卡贫困人口是 130 万人，就要 190 多亿元。这其中 126.7 个亿是通过发行地方债解决，68 个亿是省里的专项（建设）基金，省财政还准备 50 多个亿给地方同步建设的资金。同步搬迁的非贫困户 32.5 万人的搬迁资金也是由省级政府来承担，投资 100 多亿元。到目前为止，我们已经完成了融资 600 多个亿，融资总额计划是 810 个亿。融资途径主要有两个：一是农发行和国开行，这两个主要是针对建档立卡贫困人口，这个是国家给额度的。二是同步搬迁的贷款，是我们跟四家银行谈判获得的。

为了实现省里提出的组组通，又增加了 30 多万人（的搬迁量），又要增加 189 亿元，这也是由省里解决。这样，在"十三五"规划当中，我们的计划是搬迁 200 万多人，筹集资金就是 1000 多个亿。这对我们省来说，还是非常难。一年财政收入才 2000 多个亿，花这么多钱去搞（易地搬迁）扶贫，真的是很难的。（贵州省扶贫开发投资公司某负责人 H）

资金来源的大头要靠贷款或地方债融资，而庞大的贷款规模也就意味着沉重的本息偿付压力。

农发行和国开行贷款的期限是 20 年。我们一年要还 10 多 20 个亿左右的利息。现在我们还贷主要有三块资金来源：第一块，来自土地的增减挂钩，大概 200 多个亿。第二块，这些贫困人口搬迁以后，对他们做产业扶贫的扶贫资金就不给他们了，我们用这块资金来还这个钱。第三块，我们的财政每年有收益增长，每年都有投入扶贫的资金。（贵州省扶贫开发投资公司某负责人 H）

在以上三块资金来源中，土地增减挂钩指标交易所得的资金既可以弥补财政资金的差额，同时，在现有土地财政体制下，土地指标也是各级政府最热衷的标的物。因此，贵州省规定，对移民迁出地原有宅基地拆除复垦复绿整治的，全部优先纳入城乡建设用地增减挂钩安排，增减挂钩节余指标由省统筹在全省范围内流转交易，规划实施20万亩以上，其收益用于易地扶贫搬迁资金还贷。

贵州需要易地扶贫搬迁资金是1000亿元以上，除了可调用资金以外，还有200亿元以上的缺口资金。怎么办？根据省里的政策，我们就用土地增减挂钩指标产生的收益来支持易地扶贫搬迁。我们测算出来是这样的：全省搬迁160多万人，30多万户。2009年以来，全省共实施了土地增减挂钩指标是8.4万亩地，经过反复测算，平均每亩的级差收益约为10多万元，按现在的市场价，大约15万元左右，每户可复垦的宅基地从图版上和实际测量上是0.7亩，而每户安置用地是0.3亩，产生的节地指标有0.4亩。按照38万户来计算的话，可复垦26.6万亩，产生的节地指标共有15.2万亩。按照现在级差收益15万元/亩来算，可筹集资金是225亿元，刚好可以弥补缺口。（贵州省国土资源厅某领导A）

总之，从现有的政策设计看，易地扶贫搬迁的资金主要通过贷款和发债渠道解决，而土地政策是资金偿付的重要支撑。因此，搬迁之后的旧房拆除和复垦复绿就成了完成这一政策的必须环节。而按照政策设计者的想法，拆房复垦不仅可以解决搬迁工程所需资金问题，还能彻底拔除移民的"穷根"、断了回去的"后路"，让他们义无反顾地在城市里逐渐扎根，开始新的生活、工作，从而避免他们再次回到农村、出现返贫的可能性。而这，又是一个所谓"双赢"的选择。

第一，政府拿不出这么多钱，要通过拆房、土地改造，利用指标来卖钱。第二，老百姓的旧房不拆就斩不断他们的根，思想就斩断不了，斩断不了他们到全新的地方就不会全身心地投入，就会两头跑，那么这批人脱贫还是有问题。他们就会想老家还有房子，造成很多老百姓打政府的主意。到城里的话，给搬迁户一套安置房，而老房子不拆，他们在城里居住几年，把房子卖了之后就会又回到原来的地方，就会造成今后新的贫困。(黔州某领导 D)

四 搬迁后的扶持方式

作为脱贫攻坚"五个一批"之一的易地扶贫搬迁，搬迁只是手段，目的是为了实现脱贫乃至致富。易地搬迁中强调要"搬得出、稳得住、能致富"，但是，迁入城镇生活的农民并不等于就能稳步脱贫并且逐渐致富。

因此，从中央到地方，在政策设计上也都反复强调，要把脱贫目标作为易地扶贫搬迁的出发点和落脚点，精准谋划贫困农户搬迁之后的就业和后续发展，通过技能培训、转移就业、创业扶持、发展产业等措施，帮助搬迁群众就业增收、稳定脱贫。对于搬迁到城镇的贫困户家庭，必须确保每户有一人以上实现就业。

但是对于地处西部、经济发展水平不高、城镇化率较低的贵州而言，城镇现有就业尚存充分性上的压力，短时间内要完成如此大规模的搬迁，还要解决搬迁户的就业问题，这显然不现实。

从2016年搬迁的情况来看，我们要确保一户有一个人就业，这是平均数，同时，要消灭零就业家庭，那么搬迁对象中大概有70%（家庭至少有一人）需要帮助出去组织就业，在我们当地只能解决30%，各个县差不多都是这样的现状。（黔州生态移民某领导 W）

在调研中，地方相关部门负责人表示，实在要完成政策规定的一户一人就业并不难，多拿点钱出来设置一些公益性岗位，到时候考核就能完成任务，但是，这样的就业整体质量低、收入低、稳定性差，即使一个家庭能保障一个人口的就业，但是贫困人口举家搬迁在城市生活，吃穿用度是全家人的全方位支持，仅仅靠保障每家一个人、每月1000多元的工资性收入，根本无法满足整个家庭在城市的基本生活需要，更遑论教育、医疗等大项的、应急性的开支。

整体而言，从省级层面的政策规划来看，贵州面临搬迁规模大、时间紧、融资难、还贷压力大等现实困难和潜在风险；与此同时，尽管搬迁原则上照顾到贫困户的搬迁意愿，但是在搬迁去向、安置类型、拆房复垦、后续扶持等方面，却难以做到贫困户"脱贫不脱钩"等的发展型政策协同，加大了搬迁后在城镇陷入新贫困的风险，自然也放大了贫困家庭对于搬迁的风险感知和综合考虑的不确定性。总之，在省级政策设计中，机会和风险并存，在搬迁原则和家庭就业保障上省级尚留有一定的弹性空间。

第二节　政策变通：地级层面的强施力推

一方面是地方政府推进易地扶贫搬迁工程有明确的时间表和年度分解指标；另一方面，在风险和不确定性面前，在尊重搬迁意愿之下，规划搬迁指标内贫困人口的动员就变得难上加难。如何快速推进搬迁工作、在规定时间节点前完成辖区搬迁指标，就成了各级政府的难题。

在政策方向不变的情况下，解决方法有二：一是加大政策宣传和动员力度，尽可能又多又快地说服政策对象改变意愿；二是对搬迁意愿进行政策收敛，将其从一个开放选项的"选择题"变成一个闭合选项的"必选题"。黔州的做法是"双重保障"，即在进行政策变通的基础上加大动员以致强推，故而有了突破性的整乡搬迁政策，石山乡正在其中。

黔州之所以提出"整乡搬迁跨区域安置"的政策变通，其中既有压力也有动力，更有地方施政者的个人色彩。

一 双重加码之下的压力型搬迁

在定时点、筹资难的现实下，搬迁规模越大，压力也就越大。情境化地、共情地理解黔州地方政府领导和工作人员，我们就需要尝试尽可能地考证一下，该地州的易地搬迁人口规模如何而来，以及中央、省、地市政府如何分担责任等重要问题。

在调查中，调研组部分地了解到"层层加码"的"数字虚夸"对政策制定和政府治理的损害。在此，我们采用当时黔州一位负责该项目设计的部门领导的叙述，来部分地呈现当地易地扶贫搬迁规模如何确定这一过程。

2012年，县里做2012~2020年的生态移民扶贫规划，总共用了4天时间。当时我们想，要做多少合适呢？我打电话问县长，县长说做2万人吧，我们就做了2万人。这个要往上报呀。那怎么办？按照平常的做法，就把指标层层分下去，下面再层层把名单报上来……

当时全州的规划是16.8万人。从2012年到2015年实施了6万人，（2015年）还剩下10.8万人。2015年初，我去省里给省局的领导汇报。我说我们之前做的规划，用我们的土话来说叫"打望天锤"，是抬头想出来的。现在我们再把这个规划重新弄一下。回来后我亲自起草《关于编制"十三五"易地扶贫搬迁规划的意见》。我规定编写得很细的，可是大伙又"贪污"了，又打折扣了。下面没有按照要求做。这10.8万人的规划，最后报到12

万多人。

刚形成初稿之后，国家政策发生了变化。2015 年出台了"十三五"规划，随后国家计划搬迁 1000 万人。既然要搬迁 1000 万人，我们州在这个比例里应该占多少，这样一算，我们就做了一个 16 万人的规划。按照各县报来的比例，又回过去重新报一遍。

这时候，省里的正式规划又出来了。到 2016 年的春节，省里又出了一个"双 50"，又调整，又弄。但是各地这些基础资料都没有，弄这个事情的时候，也只给 3 天的时间，毕竟马上要过春节，然后得到各县的一笔糊涂账。（黔州生态移民局某负责人 W）

从 10.8 万人到 12 万人、再到 16 万人、再到更高……"数字作假"并非一个新问题，但是却给地方政府落实政策制造了新的问题。在上级给定的极短时间内，靠按比例拆分、拍脑袋填表从下面报上来的数字，在"自上而下"又"由下而上"这么一下一上的过程中，完成了"基层可靠性"的包装，继而成了新一轮的"自上而下"的分解指标，需要地方各级政府尤其是基层再去"填坑"。这是压力型体制的一个消极后果，不仅政府承担各项任务在向下分解的过程会出现被"虚夸"，[1] 且会在"恶性循环"中进而引发一系列严重后果。

地方政府不仅需要填"数字虚夸"的坑，更要解"政

---

[1] 杨雪冬：《压力型体制：一个概念的简明史》，《社会科学》2012 年第 11 期。

治任务"的题。压力型体制的核心机制是"政治化机制"，即上级政府为了完成某些重要任务，就会将它们确定为"政治任务"，要求下级政府以及职能部门在给定时间内全力以赴完成任务。在易地扶贫搬迁在一些地方未能避免地搞成了"运动式"搬迁的同时，它自身也就演化为了地方政府话语中的"政治任务"，继而成为下级政府的一项不得不完成的工作压力。同样地，为了完成政治任务，地方政府也往往又反向进行层层加码：不断扩大搬迁规模，倒过来催生了从"整村（寨）搬迁"到"双50"、再到"整乡搬迁"这样的政策变通和所谓的"创新"，而这些实际上也都是层层加码的另一重表现。

二 策略选择之下的动力型搬迁

当然，压力型体制也不能完全解释地方政府的动机。对于地州层级来讲，尽管完成上级安排的政治任务困难重重，但他们依然乐于接受。除了自上而下的压力因素，还有更多来自巨大的政策"套利空间"和发展机会带来的动力。

在易地扶贫搬迁工程中，这种动力主要有以下两个。

第一个动力是巨额的发展资金。每个贫困人口的政策资金中虽然有3.5万元是贷款，但是对于财政资金非常紧张的地方政府而言，这三笔贷款不需要自己去花力气争取，而是由国家直接划拨指标到省，省里再将资金分配到地州、市和县的。这些巨额资金对于地方政府非常具有诱惑力，相当于快速扩充了地方政府可用于统筹安排的财力，毕竟"有钱才好办事"。而我们也在多地调研中不同场合获知，一些地方政府领导都表示，这是一个重大的历史机遇，如果不抓住这个机会的话，那就永远也不会再有这样的好事了，甚至一些地方政府还会想办法增加搬迁贫困户的指标，以期获得更大的划拨指标和资金量。这也从另一个侧面补充了"数据虚夸"之所以产生的下层动力。

第二个动力则主要与城镇化，或者说与造城运动相关，密集的资金投入和短时间内大规模人口的迁入，可以助推城镇化的指标实现快速上升。黔州整乡搬迁的安置去向大量集中在州府所在的新市兴隆新区及市内其他安置点。根据地方政府工作报告，过去五年，黔州的常住人口城镇化率从 30.2% 提升至 40%，按规划到 2021 年将提高到 53% 左右，这将需要大量的人口做支撑。

就州府所在的新市而言，2013 年 1 月黔州主要领导就提出，新市要实现"率先有大的作为、率先有大的发展、率先有大的突破"的目标，将其打造成覆盖周边半径 200 公里 18 个县 2000 万人口的"文化中心"、"心理依赖中心"和"物流中心"。与此同时，黔州也启动了兴隆新区的建设，该新区地跨一市两县。新市和兴隆新区也都需要大量的人口迁入，以满足城市规模的不断扩张。

截至 2017 年调研时，新市有常住人口 87 万人，城市建成区面积为 68 平方公里，城镇人口 46.7 万人，城镇化率为 53.7%。按前一版规划，到 2021 年，新市建成区面积将达到 80 平方公里，城镇化率将达到 60%，城市人口将增至 60 万人以上。而在最新的城镇发展规划中，新市 2020 年的规划常住人口调整为 100 万人，其中城镇人口 70 万人，城镇化率达到 70%；到 2030 年，规划常住人口为 125 万人，其中城镇人口 110 万人，城镇化率达到 88%。在这样的规划调整下，也迫切需要人口的快速增加。跨区域城镇集中安置的整乡易地扶贫搬迁政策调整也应时而生。

搬迁到新市还有一个原因，即要扩大新市的容积量、城市化率。我们提出来要建百万人口的城市，目前新市的（城镇）人口是 40 多万人。现在也没有搬迁多少，也就大概 10 多万人口左右。如果常住人口能够达到 100 万人的话，就是属于一个中型城市了……包括原来修建了很多保障房，棚户区改造，现在你们到那边去看的话都还有很多的空房。搬迁人口进来也解决了这些空房，消化存量去库存，也有方方面面的原因。（万县领导 H）

如果仅靠城市自身发展，从新市目前情况来看，距离规划的百万人口中型城市和 70% 的城镇化率目标还需要较长一段时期的发展。首先人口规模上就存在较大缺口，限于新市本身的经济社会发展水平和发展程度，尚不足以在短期内快速吸引到大量的外来劳动力。而按照当地主要领导的思路，先把人口聚集起来为城市发展提供充足的劳动力，再反过来促进城市的劳动力就业、提升收入水平；但是，当城市对外来劳动力的吸引力远没有想象得那么大时，城市人口集聚希望就可能迟滞甚至落空。

而正是在这样的时刻，国家大力扶持新一轮易地扶贫搬迁，贵州省级层面也出台了向城镇集中搬迁安置的政策导向，这对于黔州来说无疑是一个天时地利俱佳的好机会。基于此，黔州在推进易地扶贫搬迁工作中，不仅仅将搬迁人口向城镇集中，而且是以乡为整体、大量向州府所在地的新市集中，即变通的整乡跨区域搬迁城镇化安置政策。在这一政策下，全州25万搬迁人口中有15万人左右计划将跨区搬迁至新市，集中安置在新市及兴隆新区等几个安置点，石山全乡就在其中。

三　个人风险认知下的利好型搬迁

在地方中间层级政府看来，整乡跨区域城镇集中安置的易地扶贫搬迁政策是一项一步到位、一本万利的重大利好政策，原乡民的生存环境、生活条件和生产系统通过空间置换而得以彻底改变，以"改善的逻辑"察之，这样的政策符合政策对象利益和诉求，因此，政策变通自由裁量权使用是合理的，政策执行也将畅通无阻。[①] 但基层干部和群众是否也同做此想呢？

从黔州易地扶贫搬迁的路径选择，以及黔州主要领导对于石山贫困现象的理解、对于整乡跨区搬迁和城镇安置

①　张文博：《易地扶贫搬迁政策地方改写及其实践逻辑限度——以Z省A地州某石漠化地区整体搬迁为例》，《兰州大学学报》（社会科学版）2018年第5期。

的利好之处的集中阐释可以窥知，地方政治的运行中明显代入了强烈的"个人化"色彩。故而，不论是少数民族乡的整乡搬迁，还是跨区域远距离地向州府城市集中安置，这些政策变通都是个人风险认知之下的所谓"利好型"搬迁。

> 搬迁是上层某些领导的想法，像我们跨区域搬迁就是。其他的地州都没有这样的提法，其他的地州也是分几级搬迁的，并且重点还是在集镇就近搬迁的多，到州省的就少了。就是我们州大规模的跨区域搬迁，包括当时我们安排在集镇上的规划安置点最后都通通取消了……（另一位）S书记对这个搬迁也比较感兴趣，他们俩不谋而合。开始提出的时候还（担心）说省里面会不会不同意，后来S书记来了之后对这个事情也很支持，所以这事就做成了。（万县某领导H）

在访谈中，我们也多次听到不同层级的干部谈及石山整乡搬迁是个别领导的想法。从州级领导对易地扶贫搬迁进行集中阐释的讲话稿中，我们可以大致做些解读，看出黔州易地扶贫搬迁政策变通的一些核心要旨。

一是对农村贫困的理解：农村是困局，只有进城才能解决根本。

> 什么叫贫困？贫困的本质是因困致贫。什么是困局？要路，没有好路；要水，没有洁净的水；要电，电

压不稳；要医院，离医院太远；要学校，离学校太远。好不容易走几公里，孩子在那，教学师资不行，教学质量根本无法保障。发展要素都不具备，你被困在这个地方，你上三代是贫困户，如果你不搬出来的话，你永远是贫困户。根本的出路在于跳出这个穷窝子，走出这一个困局，到一个生发之地。

解困脱贫不是从山顶上搬到山底下，不是从山底下搬到乡镇上。因为你的乡镇仍然是个困局，你不具备自我发展的能力，别说乡镇，县城都很有限。如果你今天还考虑把山上的人搬到乡村去集聚，搬到城镇去集聚，我认为大错特错，你没有发展的能力，没有自我滚动的功能。搬出穷山沟，搬出困局，才能脱贫。搬到一个更理想的地方，才能发展。就发展来说，到新市、到兴隆新区，肯定比到城镇要好，比到县城好。

比如说你从村里一步搬到新市，你的代际贫困问题，因你的孩子受到较好的教育，有可能上好的高中，甚至上大学，或者他经过培训能够直接就业，他就可以帮你挣钱了，你们家有可能因为他的就业，而永远摆脱贫困。国家有易地扶贫搬迁的好政策，解困脱贫的根本办法、唯一办法、最有效办法一个字"搬"，一搬天地宽，一搬能发展，一搬穷根拔。

二是对城市发展的理解：新市缺少人口支撑，人多了城市便能发展。

现在新市能够承载70万人，新市现在只有45万人，那25万人是空当，天天在浪费。新市的利用率不到4/5，缺易地扶贫搬迁的人，只要你们搬过去了，享受国家这么多年为新市配套的路、水、电、房、信，包括美食城、电影院、大商场等。

如果新市能做到百万人口，我们这个三省接合部商贸物流中心就可以辐射更大范围。如果我们的城市人口达到200万人，我们直接开始辐射邻省和邻市。所以，结构上一个是有余，另一个是相对有缺，这就是结构上的矛盾。

怎么解决？一个字"搬"，把人从乡下搬到新市，让这儿的人越来越多，城市的整体辐射带动能力就会越来越强。

三是对搬迁的理解：贫困人口搬进城市就意味着城乡双向的效率提高和生活富裕。

如果我们按照中央的要求，真正地通过易地搬迁引导着更多的人搬到新市来，我们就可以在全州同时启动两大发动机，一个是城的发动机，另一个是乡的发动机。

现代农业它的标志就是农业人口越来越少，土地承载的人数越来越少、城市化的人口越来越多。我们农业人口太多，附着在土地上的人太多，因此谁都富不起来。怎样才能让农村的土地使用率大大提高呢？就是让相当一部分人搬出来，把土地流转给当地的大户、公司甚至是政府。你不仅能拿到土地入股的收入，还能拿到很合理的、长得很快的分红的收入，重要的是我们的农业也趋向于现代化了。

因此，一搬就使得城市人口聚集了，城市的功能放大了，城市的发展速度快了，周转率提高了；农村人口因为减少了，所以土地的使用率更大了，农村也发展起来了。而现在有好政策，给你钱、给你政策，让你从农村搬到城里来，效率问题就在这一个字"搬"。一搬，城的效率、乡的效率都提高了，城乡的效率提高、全州的发展水平上了一个台阶，我们每一个人都是受益者、都能分红、都得到红利。不挪穷窝子，在穷窝子的人永远穷，挪了穷窝子到新市的人，就能富。

从其对农村贫困、城市发展、易地搬迁和城乡效率释放等的解读来看，该领导确实从其高位勾勒了一幅搬迁发展的美好蓝图，但另一方面也明显存在一种"城市化的迷思"，即把农村的贫困人口搬迁进入城镇作为解决贫困问题乃至解决农业现代化的根本出路，甚或唯一出路。

但是，居于领导高位的施政者与山林中久经风霜和各种风险洗刷的贫困人口的风险感知完全不同，他们对于未知不确定性的接受程度和抵御能力也有较大差异。正所谓"汝之蜜糖、彼之砒霜"，不同的情境会赋予其间不同的人们以不同的风险认知和意义世界生成。不否定领导者从长远看到城市的发展能力提升和发展机会与空间，但是，对于活在当下的贫困人口而言，他们需要首先确定，要怎样过得去当下。缺乏搬迁后的政策协同、缺乏城市就业手段和谋生能力，贫困人口依旧是贫困人口，无非从农村迁移到城市。只不过，在农村"随便弄弄、怎么都能活"，但在城市"除了放屁不要钱什么都要钱，怎么活？"

整体而言，州级层面整乡搬迁、跨区域城镇集中安置的政策变通，辅之以驻村百人工作组"不完成任务不收兵"的强势动员，不仅关闭了贫困户搬迁与否的自愿选择弹性空间，而且加剧了贫困户对于遥远大城市的风险感知和对于不确定性的再确认。在乡村越来越好的生产生活条件下，在集体看房团同乡们传回的"被困电梯间""走不出安全门""一次爬20多层楼""几天花了几百块"等等都市"传奇"中，关于大城市"去不得"的想象不断滋生，但又面临不得不搬的高压政策，石山的贫困户真正陷入了新的困局。

第三节　政策执行：县乡层面的矛盾姿态

整乡搬迁政策落到基层政府，县级和乡级出现了态度分化：县级政府部门虽然被动，但一定程度上却也拥抱；真正陷入两难的是乡级政府部门。

一 万县：任务重压与被动拥抱

对于吸纳就业能力有限的万县而言，易地搬迁更多是一项不得不为的任务；而在不断变化的搬迁计划和持续扩大的搬迁规模面前，完成任务也变得益发艰巨。

（一）不断变化的搬迁计划

万县整个县城城区人口规模是 5 万人。在前一个生态移民阶段，万县于 2012~2015 年共搬迁 12532 人，安置方式主要是集中搬迁到乡镇。根据万县的《易地扶贫（扶贫生态移民）搬迁工程"十三五"规划（2016~2020 年）》（以下简称万县《规划》），全县共计 15 个乡镇和街道办、121 个村的 5302 户 24614 人确定被纳入规划搬迁范围，而规划建设的扶贫生态移民安置点共有 22 个，其中，除县城的 4 个安置点外，其他主要安排在乡镇（16 个），另外还有 2 个在村级。

按照这一规划，万县平均每年将需完成搬迁任务约 4923 人，这对当地政府来说已经是十分艰巨的了。但是，随着省级、州级政策的调整和任务数的增加，搬迁计划也在不断变化，分解到万县的搬迁任务也随之不得不多次做出相应调增，全县的搬迁规模也是一扩再扩，从最初规划的近 2.5 万人，先增至全县"十三五"脱贫攻坚规划确定的 3.6 万人；再到新增石山乡整乡搬迁 8000 多人，直到最后提出整乡搬迁扩展至 5 万多人，石山全乡赫然在列。

与此同时，安置的方式也在短时间内发生了两次重大变化：在 2016 年 3 月，万县的易地搬迁安置都还在以乡镇安置为主；到 4 月份，很快要求必须集中安置到县城，而之前所有乡镇安置点已经动工的项目则一律停工。不料想到了 2016 年下半年，黔州的搬迁安置政策再度调整，要求所有搬迁户跨区域集中安置到新市兴隆新区，此前各个县城的安置工作和后续规划又一次被叫停，已经动工的县城安置点建设项目也一律停工。经过两次调整，集中安置的城市层级越来越高，一路从乡镇转向县城、再转向地市，而移民的去处距离自己的故土、距离原来的生产生活系统也是越来越远了。

（二）情境化的"压力转嫁"

对于县级政府来说，短时间内在县城吸纳大规模易地扶贫搬迁人口的能力自然有限。如果按照 2016 年 4 月调整后的县城集中安置政策，移民人口全部涌入县城，无疑会集中产生一大批失业者和城镇新贫民，也会给当地社会稳定和政府治理带来相当大的压力。

> 我们县城安置的（就业）主要是往省城的新区，他们给我们的指标也不少，剩下的一部分就放在本县城，还有一部分就是在外面打工，要不然全部压在一个县（完成每户 1 人就业）很难实现的。我们去对接，都是这么说的，并不是让他们直接搬过来，而是先给他们培训好了，他们愿意搬过来再搬，稳定之后就可以入户口。我们现在做了职业培训，去年之前都是往两广、浙江、

苏州那些地方介绍工作的，只要在这边读完书就可以去那边工作，但这次跟省城的新区商量以后，他们跟那边的待遇差不多，这也跟订单式的，所以我们就准备输入到新区这边来。（万县生态移民局某领导L）

县城集中安置不仅是建设方面的问题，更大的压力在于后续的移民就业、公共服务等的政策对接与保障上。尽管从上面所引县生态移民局某位负责同志介绍的情况看，万县对县城集中安置搬迁人口的就业做了"三分流"，即省城新区录用一部分、本县留用一部分、外出打工一部分，这一安置规划放到现在看也是比较合理的，但是，对于县级而言，就业保障和后续其他保障的压力显然是万县难以承受的。也正因此，在后来州里要求全部迁往新市集中安置后，县级部门才会乐于接受这一新的政策安排，以"各取所需"之名痛快地"甩锅"，将压力转嫁给新市和新区。

就县级政府来说，从为了完成脱贫攻坚的任务来看，把这些贫困人口都搬迁到州府所在地，我们的负担就轻了。最后大家都是各取所需吧。我们满足了脱贫的任务要求，他们也满足了发展的需求。如果没有这样的政策的话，建的这么多保障房没有人居住，变成了孤城，那中央要问责的。我们把他们搬迁过来，重担就一甩了之了。（万县某领导A）

二 石山乡：两难之境与未决之命运

在整乡搬迁跨区域城镇安置的政策背景下，石山乡乡民的"命运"似已注定。但是，一如历经调整的政策本身，政策的执行也很难一竿子插到底。

事实上，历经此前30多年的投入与改造，新时期以来，石山乡已不再是万县的易地扶贫搬迁重点了。从2015年万县编制的《扶贫生态移民搬迁工程"十三五"规划（2016~2020年）》中所确定的各乡镇搬迁规模即可看出，原石山镇（石山乡未析出之前）的搬迁任务仅为401人，仅占全县规划搬迁总人口的1.63%，是全县14个乡镇和街道办中搬迁人口最少的乡镇之一。

按照万县《规划》中的表述，"用五年的时间将我县生态区位重要、生态环境脆弱以及生产条件极差地区的24614农村人口搬迁到城镇（集镇）或产业园区安置"，这也从侧面表明，石山镇当时的生存条件已有较大改善，至少在万县辖区内和编制者眼中如此。而相比之下，同处石山地区的万县乐镇，规划搬迁人口规模是石山镇的4.5倍。

但是，到2016年5月，黔州做出石漠化地区整乡搬迁的政策安排，腹地石山乡正在其中，一切突然改变。

为何一个前期投入甚巨、当前也已有了明显改善的地方，会突然进入易地扶贫搬迁的中心？关于石山整乡搬迁决策的产生，我们在访谈中获得了两种不同的说法：一说是省委某位领导提出要整乡搬迁，因其看到前期巨资投入之下依旧居高不下的贫困发生率；另一说则是由地州的挂钩帮扶领导提出，因其定点挂帮石山镇，故让镇级领导摸底调查原石山乡范围内民众的搬迁意愿，而后得到的数字为 3000 人[1]有搬迁想法，以此提出"既然有差不多一半的人都想搬，那就干脆全部搬迁"，并于 2016 年 5 月省里某领导前来考察之际提交了整乡搬迁的意向报告，也获得了该领导的签字同意。

A 书记当省长的时候，到万县石山（乡）去调研。为什么当时他下命令要石山整乡搬迁？石山乡 1995 年八七扶贫攻坚之后，石山（乡）是 8996 人，到 2016 年国家投资了 3 亿元，意味着一个人已经投入了 4 万元，但是现在贫困发生率还是百分之四十几，因为他们无法生存，没有这个条件。所以 A 书记当时就说全部搬迁。（黔州政府某领导 Z）

我们的贫困是怎么来的，因困致贫。万县的石山（乡）从 1996 年到现在，已经是（人均投入）3.5 万元。我说我再给你 10 年、20 年时间，你人均（投入）5.3 万元，你觉得你能发展吗？我给你 50 年你也发展不起来。你是一个无底洞，你那里是困局，要想脱贫，必须解困，打破困局才能脱贫。所以我们脱贫的办法就是解困。怎么解困？唯一的办法就是把人搬走，搬到这边来，

---

[1] 这一数字如何而来，并未了解到确切的说法。

不就完了？很简单。石山是典型的贫困地区，按照Ａ省长的话来说很简单，一个不剩，全部搬，把石山从这个地球上搬走。（黔州政府某领导Ａ）

从石山扶贫到"消灭"作为贫困标签的石山，自此之后，一场轰轰烈烈的搬迁运动便在石山迅速推开。2016年5月22日，黔州领导Ａ率领州宣传部部长、组织部部长、副州长以及州直相关部门负责人组成调研组，来到牛村，与当地群众和镇、村干部"共商"易地扶贫搬迁工作。5月28日，万县召开石山乡易地扶贫"整乡搬迁"集团攻坚工作动员会暨业务培训会，会上要求在6月10日前完成基本情况的调查摸底，确保6月28日前达成共商、形成共识，签署搬迁协议。

为完成石山乡"整乡搬迁"的工作任务，万县组建了石山乡"整乡搬迁"百人突击队，由县委副书记担任突击队队长，突击队指挥所进驻牛村。突击队又分为两个突击分队，每队各50人，其下各领3个尖刀班；分队长分别由县人大副主任和县政协副主席担任，每个尖刀班则由一名副县级领导带队。其中，县人大副主任带领的牛村突击分队驻地就在牛村。这个县级"百人团"的工作一是宣传，二是"共商"。

一方面，已经确定的搬迁政策和新的搬迁指标必须要完成；另一方面，搬迁对象的意愿（至少在程序上）还得予以尊重，这就构成了搬迁工作在实践中的"两难困境"。地方政府推出了"五共"工作法，即共商、共识、共建、共享、共担，以试图在尊重政策对象意愿的同时，达成政府搬迁任务的落实。"五共"中的"共商"，是黔州在搬迁动员工作中创造出来的一套话语，"共商的目的就是最终使得脱贫攻坚之后不要留下隐患，因为你是跟人家共商的，你不是压给人的任务。当然，我们工作还是要一层层压任务的，要以倒逼式管理推进易地扶贫搬迁……这是个硬任务"。[①] 所谓的"共商"，就是不断地给搬迁对象做工作，直到其同意搬迁为止。从 2016 年 5 月 28 日到 6 月 17 日，这样的"共商"工作密集进行了 99 场。在以让农户答应搬迁为完结的工作方法之下，规划搬迁户"自愿的权力"被"仪式化"。[②]

> 做了半个月的工作之后，县里面就说先做一批示范搬迁，选了十几户愿意搬迁的群众，当时还没有跨区域搬迁，而是搬迁到县城。我负责一个点，书记负责一个点，主席负责一个点，每一个人负责三户，通过各种渠道无论如何先把三户搬出去，让他们轰轰烈烈、具有代表性地搬过去。我们还让电视台的记者过来，让他们轰轰烈烈地搬去县城，县领导就在现场等着，还搞了一个仪式给他们发油、米，还有 1000 块钱。通过这次之后，老百姓的心好像就打开了，很多人就想搬。特别是外出打工者，就回来询问是否还有房，那时候县城的房

---

① 黔州领导 A 在 2016 年的讲话。
② 王春光:《政策执行与农村精准扶贫的实践逻辑》,《江苏行政学院学报》2018 年第 1 期。

子是不够的，陆陆续续一共搬了90多户。（石山镇某领导M）

到2016年底，随着黔州整乡搬迁政策安置去向的变化，搬迁人口不能再在县城安置，全部转为跨区域搬迁安置。为了与地州新市协调搬迁安置工作，万县在新市成立了易地扶贫移民搬迁指挥部，由一名副县级干部担任指挥部长，同时抽调县直部门及石山镇部分工作人员，长期驻新市开展易地搬迁工作，负责乡镇动员过去的搬迁户在新市兴隆新区的所有协调和安置工作。

虽然石山乡的搬迁运动轰轰烈烈，示范户的搬迁仪式轰轰烈烈，而且，按地方的统计数据看短期内达成搬迁意愿农户的比例也很高，但是，调研时了解到，最终实际签订搬迁协议的农户并不多。直到2017年底也只有3000多人（按户均测算统计）搬迁。由于很多家庭只有个别年轻人领取钥匙之后偶尔入住，实际的搬迁人口远远没有达到地方的统计数据。

石山乡的整乡搬迁是以国家易地扶贫搬迁政策为依托的，但更是贵州省和黔州以至万县基于各级政府利益考量的政策实践结果，从省到地州、再到县，都有着不同的逻辑指向。以"一方水土养不起一方人"为前提假设的易地扶贫搬迁政策，到具体的地方场域，在"多重制度逻辑及其相互作用"[①]之下发生了不同的变形，最终在各级压力、

---

① 周雪光、艾云：《多重逻辑下的制度变迁：一个分析框架》，《中国社会科学》2010年第4期。

动力和利好判断之下，生成了石山整乡搬迁，并深刻影响了一方水土及其成千上万人的命运。

尽管石山如今已取得了翻天覆地的变化，在乡民眼中生活也越来越有盼头，但是，在一些决策者眼中似乎看不到这一历史性的变化，也未能从外部直接干预的失败中认真吸取教训。在差异过大的城乡文明的撞击下，一些来自大城市的地方领导难以看到石山的生命力和更深层次的多重价值，故而发出了"把石山从地球上抹去"的"豪言壮语"，由此开启了一项事关石山人整体命运的浩大工程，试图以更为彻底的方式干预和改造石山乡民的生存方式，以"消灭"石山来彻底消灭石山的贫困。

石山乡民的命运依旧悬而未决。在这一整乡跨区域搬迁政策实践猛烈又缓慢的推进中，他们的主体性和能动性遭遇到了严重挑战。

第四章

跨区域整体搬迁政策实践中的
村庄主体性挑战

石山连片贫困地区的易地扶贫搬迁整乡推进是一项浩大的工程。在石山整乡搬迁的背景下，牛村整体搬迁也成了唯一选项。但是，整个牛村从村干部到普通村民和贫困户，却对这一政府宣传和动员中所谓的利好政策有着更多维度的认识，尽管在各种政府工作队和"百人团"的大量工作和多次动员之后，村民在代际和家庭发展基础之间以及生产资源依赖程度等方面出现了意见分化，也做出了不同的选择，但在整体上，牛村的政策推进遭遇了很大的阻力，面临多重的挑战，尤其是来自村庄内部主体性的挑战。

第一节　村民：传统生计空间的挑战

易地搬迁不仅是在物理空间上对移民起居、劳作环境的改变，更是在生计空间上对其整个生产生活系统的全然改变，以及在时序上对其所处发展阶段的突然拔升。生计空间是一个包含自然地理、经济、社会、政治、文化等活动实践的复合生计系统，而整体易地搬迁就意味着，村民过去累世形成并传承的整个生计空间将需要在一个全然陌生的环境中彻底重建。这对于他们而言，无疑是莫大的挑战。在复合的生计空间中，生计资本是多元的、生计策略是复合的，生计结果也并不是某项单一资本就能决定的。[①]面对如此一项系统工程，村民自当需要反射到自身当下的生活系统中进行全盘估量，包括风险和机会、确定的和不确定的。

从既往研究来看，移民项目中可能存在一些显在或潜在的负面结果。移民搬迁会直接影响移民的生产生活方式、社会交往与社会心理、社会关系网络、就业与生计模式，原有的生产体系受到冲击，大量的有价值的土地和其他创收性资产、工作机会都会随之丧失，生计模式的转变会使得移民此前长期从事农业生产所积累的技能变得毫无用武之地；原来的社会结构被打散，社区共同体分解、裂化，社会组织方式与人际关系平台被破坏，亲属关系团体

---

① 付少平、赵晓峰：《精准扶贫视角下的移民生计空间再塑造研究》，《南京农业大学学报》（社会科学版）2015年第6期。

和非正式的社会互助网络也会面临被拆散的可能。[①] 在地处偏远山区的少数民族村寨牛村，整乡跨区域搬迁政策正在发出对其传统生计空间的挑战。

一 经济空间：生产体系及农民主体性价值

牛村过去是一个农业村，村内多以小农户的分散种养生产经营为主。在过去 20 多年里，随着交通的改善、人口的流动、市场的开放，牛村人的生计方式早已渐次发生了深刻的变迁，逐渐转向以务工为主、多种经营方式并存的家庭劳动组合结构，产业内或跨产业兼业现象非常明显，跟当下中国日益凸显的兼业农民社会阶层[②]大体相当，这在一定程度上大大增加了农村家庭经济的韧性和稳定性。

通过梳理牛村 484 户农户家庭经济来源情况可知，牛村村民家庭经济结构主要表现为七类（见表 4-1）。一是种植类，有 54 户，占 11.2%；二是种植 + 养殖类，有 146 户，占 30.2%；三是种植 + 打工类，有 163 户，占 33.7%；四是种植 + 养殖 + 打工类，有 87 户，占 18.0%；五是种植 + 养殖 + 打工 + 商贸类，有 11 户，占 2.2%；六是养殖 + 打工 + 商贸类，有 3 户，占 0.6%；七是商贸类，共 20 户，占 4%。

① 〔美〕迈克尔·M. 塞尼：《移民与发展：世界银行移民政策与经验研究》，水库移民经济研究中心编译，河海大学出版社，1996；施国庆、严登才、孙中艮：《水利水电工程建设对移民社会系统的影响与重建》，《河海大学学报》（哲学社会科学版）2015 年第 1 期。
② 王春光、赵玉峰、王玉琪：《当代中国农民社会分层的新动向》，《社会学研究》2018 年第 1 期。

表 4-1 牛村家庭经济来源类型统计

单位：户，%

项目	种植	种植 + 养殖	种植 + 打工	种植 + 养殖 + 打工	种植 + 养殖 + 打工 + 商贸	养殖 + 打工 + 商贸	商贸
户数	54	146	163	87	11	3	20
占比	11.2	30.2	33.7	18.0	2.2	0.6	4.1

资料来源：精准扶贫精准脱贫百村调研牛村调研。

整体上，牛村的农业内（含兼业）生产经营占到41.4%；跨产业兼业生产经营占到54.5%；超过95%的家庭并未完全脱离农业生产经营；仅有4.1%的家庭纯粹从事商贸活动，主要是在万县县城、石山地区乡镇或是本村进行一些小商贸，包括小卖店、超市、小摊贩、小餐馆等。一方面，种养殖生产经营从分散的小农户逐渐向大户、大户带动、合作社等集中，主要种植玉米、稻米等粮食作物，主要养殖猪、羊；另一方面，外出务工、经商成为牛村人家庭经济收入的主要方面，其中又以务工收入最为重要。这样的多样化经营方式已经明显带动和提升了牛村村民的家庭经济水平，但依旧尚不足以稳定地支撑其单个家庭全员进入城市、开启全新的体面城市生活。

经济基础决定上层建筑，不同的家庭经济结构形塑了不同的价值观念和生活方式。在全村95%以上的家庭依旧是完全或部分地依附于农业生产资源、需倚仗农业生产经营收入的情况下，农民家庭的核心发展资源目前仍更多停留在农业产业内，仅有部分年轻的、多少有些技能的家庭成员具备向外发展的能力。故而，在大多数村民的判断中，城市生活固然美好，但那却是当下的自己和家庭成员短期内甚至长期都可能难以成功应对的生活系统。也因此，面对各级干部的各种动员，农民仍会基于自身情况做出理性思考。

（一）借助村庄资源的种养殖户

种植、养殖是农民最基本的生产方式，它建立在利用本土自然资源的基础上，农民关于农业劳作的知识也只有在村庄自然资源空间中才有效。因此，对于搬迁安置，大多数人最希望的是有土安置的方式，就是在迁入地能够分得一块土地，哪怕只是两三分大小的菜地也好，这样他们就能在自己熟悉的领域内完成过渡和适应，他们过去的生产知识储备也能继续发挥作用，而这样的搬迁安置方式以前也有过较为成功的先例。

> 我们可以挖点土，种点小菜，喂个把猪，买点盐巴就可以吃了。现在在牛村，鸡一斤都可以卖 28 块钱了，我家喂了几十只鸡，需要用钱的时候，抓一只去卖就有了。（牛村村民 DMH）

> 2012 年我回家来，两口子才 3 万块，决心不去打工了，回家来发展，唯一的积蓄就是那点钱。刚开始养了 6 头母猪，亏了，买的价格高了。猪没养了，就接着喂羊，喂 20 多只，过了一年就有 80 多只了，差不多赚了两万多，算下来是不如打工，但是我在家里，什么都能顾上了，老人孩子都在身边，我得两万多，其实相当于和打工一样。（牛村村民 RXH）

很显然，对于这些村民而言，搬到城市就意味着他们一辈子所积累的农副生产知识将在一夕之间完全失效，一家老小即将面临新的城市生存压力，他们当然不会贸然地做出轻率的搬迁决定。

你说这个地方苦，但是我们怕搬去那里了更生活不下来，现在这里至少能生活下来，人人都怀疑这个事情。一无技术、二无寸土，我们寨子大家都望（看）我，说这个老者都还没动，我说那不是轻易开玩笑的，一去，户口一迁，你就不是这里的人了，要是生活不下去，你又回不来了。我都60多岁了，重的活做不得，卖力的活做不得，找不到钱，又没工作做，坐起吃，光靠年轻的，他们本身就有一个还在读书……搬迁去那里什么都要花钱买，很吃力的。

房子我去看过，动员时候我说，去是要去的，儿子在读书，他毕竟要往高处走，但是现在我们还不能去。像毛主席那样，先要把井冈山搞好。如果不拆（村里的）房可以走，真的待不下去了，可以回来种地。（搬到城里）环境改变了不习惯，一天坐到黑，搞不好还要成病。在家一天起来走走、望望，搞点生产，身体也能得到锻炼一下……年轻的有事干就好，一个月1000多元，又只安排一个，（家里）人口多了生活不下来，而且那还不是长期的，说不定哪天就没得做了。（牛村村民DMH）

因此，大多数依赖农村生产、生活资源的农户并不愿意搬离，尤其是那些靠养殖发家致富的大户不愿意搬迁，就如前文提到的牛村第一个万元户罗冠华，他是养殖大户，收益很好，至今都是全村最有钱的人家之一，也是对搬迁最排斥的人之一。

（二）具备村庄内非农发展能力者

被视为贫穷落后代名词的农村，也还是有不少发展机会的。牛村就有一些村民抓住了这样一些发展机会，也收获了不亚于城市打工的发展成果。

> 我打工 14 年，今年 32 岁，小学三年级就出去了，那时候还没到 14 岁。在牛村读书的时候真的很调皮，读书一天除了打架、样样都不做。读到三年级，偷了家里的钱跑出去了。我开始去那里的时候，找不到钱。实在没办法了就去偷，偷自行车。一辆自行车卖四块、五块，就够我们两个吃一天了。这样钱少也不行，后面我们两个去偷摩托车，不会骑就推着走，离合都不会捏。这样偷了差不多一年，直到后来找到事情做了，就一直在厂里做了。
>
> 2009 年家里修房子，花了 9 万多，直到 2011 年才还完账。2012 年我回家来发展……再后来旁边市场修好了，我租了一间门面做台球厅，年关这段时间就有 3 万多，一年起码四五万的收入。我还做工程，今年我就做了 10 多万，就在石山做退耕还林，这些只要会做都是可以的。

家乡是有很多发展机会的。比打工划算太多，也轻松。在外面打工就算一个月 5000 元，到你回家来，一年下来能有两三万就不得了了，一般都存不到，要节约点才行。我从最开始（2012 年）的那 3 万块钱，到 2017 年我就买了一台车，福特的，花了 12 万元，假如我是打工的话，肯定买不起。所以喊我去新城我是不会去的。（牛村村民 RXH）

对于这些有发展能力的村民来说，离开村庄就等于离开了赖以发展的条件、折损了他们在农村市场发展的能力，因此，他们也不太愿意搬迁。

（三）外出打工者

除了在村庄内或就近谋求发展的，牛村也有不少外出打工的。打工是当下牛村年轻人的主要经济来源，全村绝大多数家庭的收入也都主要依靠打工所得。但是，牛村年轻人外出务工的收入普遍不高，不同于其他地方一些打工者在外稳定发展或是回乡创业的情况，牛村少有通过打工获得高收入的，或是转而创业的。

我 16 岁开始出去打工，今年 30 岁，老人在家照顾孩子上学。在外面 10 多年，真的厌倦了，如果能找到合适的，我宁愿赚少点也要在老家，毕竟我们的根在石山这里。在外面漂，逢年过节的感受最真切，结婚前六年没回家过年，人家烟花爆竹放起来的时候，我流泪过。

还受到当地人的歧视。我们在外面打工，两个人一起，工资还可以，虽然在沿海生活根本不行，拿回来生活就可以。（牛村村民YY）

综观之，外出务工年龄小、劳动技能单一、总体受教育水平低是最主要的制约因素。受早先村庄及地方教育水平、家庭经济条件和教育观念等的影响，牛村目前包括外出打工者在内，大部分主体普遍存在教育水平低的现象（见表4-2）。

表4-2　牛村人口受教育抽样调查情况

单位：人

项目	民族			性别		年龄			合计
	苗族	汉族	其他	男	女	＜18岁	18~40岁	≥40岁	
文盲	52	26	2	19	61	0	30	50	80
小学	80	37	2	70	49	33	46	40	119
初中	50	36	0	53	33	29	35	22	86
高中	12	8	1	10	11	8	12	1	21
中专	2	2	0	2	2	0	4	0	4
大专及以上	6	5	0	7	4	0	9	2	11
学前幼儿									34
合计	202	114	5	161	160	70	136	115	355

资料来源：精准扶贫精准脱贫百村调研牛村住户抽样调查。

从2017年住户抽样调查情况可以看出，除去学前儿童，69户共有321人。其中，文盲为80人，占比将近24.9%；小学文化119人，占比37.1%；初中文化86人，占比26.8%；高中及以上只有36人，占比仅有11.2%。而且在性别上，女性人口中初中及以下受教育水平占比远低于男性。虽然样本总量偏少，但是，从年龄上看，40岁以上的人口文盲率高达43%，小学文化的比例为35%；成年人口中小学以下文化程度占比达到62%。从民族上看，苗族人口的文盲率（25.7%）稍高于汉族（22.8%）；在受教育水平上，汉族中等以上教育水平者占比（44.7%）明显高于苗族（34.7%），苗族人口受教育水平总体低于汉族人口。

所以，目前牛村在外的打工者普遍存在年龄低、学历低、收入低的"三低"特征，他们在城市发展的未来既有空间，又有很大不确定性；他们目前的打工收入尚不足以支撑其家庭全部生活，更难以支撑全家搬进城市后的全新生活。年轻人特别是有过城市打工经历的，对于城市生活相对农村的高昂成本已经深有体会，他们对搬迁也有理性的认识。

> 搬迁的概念确实好，但是有些实际落实的相对于我们的需要有一定的差别。搬出去，温饱可能没问题，但是如果一生点病，我们就压力山大了。我们上有老、下有小，两边肩膀，一边挑着老的，一边挑着小的，这种压力，实在是大。如果我们搬去那里，光解决一家人的生活，不说超负荷也是满负荷了；如果再加上生病，我们就是超负荷了，就生存不下去了。（牛村村民YY）

尽管年轻的外出打工者在城市的收入显然比在农村高得多，但他们清楚地知道，现有的收入水平要想维持一家人的城市生活几乎是不可能的，只有将城市收入中省吃俭用积攒下来的钱拿回农村老家用，才能过上相对体面的生活。在中国当下贫富悬殊的城乡、地域空间格局下，这些从贫困地区农村进入发达城市谋发展的年轻人，依然主要属于城市的工作贫困（working poor）群体。虽然从脱贫的角度看，一个农村家庭只要有一两个进城打工人口，整个家庭在当地农村大概率就可以越过贫困线。但是，这种打工收入只有以遥远的贫困老家作为参照时，才能产生些许的相对的富足感；若是与他们所在城市的收入和消费水平相比，只能算是中下甚至底层，一旦举家迁入城市，面对城市各项生活开支，他们的打工收入顿时就会被稀释无余了。

（四）脆弱的中老年贫困人口

除了上面那些能够倚仗农村资源发家的、具备在本地发展或是外出务工的，牛村还有超过 1/5 的"40、50"人员、13.64% 的 60 岁及以上老年人口（见表 4-3），以及近 1/3 的贫困人口，他们属于村庄中比较欠缺发展能力的脆弱群体，跨区域搬迁、进城生活于他们而言无疑是一场巨变。

对于这部分人来说，他们个人的环境适应能力、市场选择能力都比较差，有别于年轻人的活力，他们基本上只能适应以土地为基础的生活方式；他们的家庭经济条件也不太具备支撑其城市生活的基础，后续持续发展更是难以想象，尤其是对"40、50"人员而言，他们最担心搬迁后的就业市场参与和收入问题。

表4-3　牛村分年龄组人口信息

单位：人，%

项目	0~17岁	18~39岁	40~49岁	50~59岁	60~69岁	70~79岁	80~89岁	90~99岁	100+岁	总计
男性	386	507	194	113	81	50	27	5	1	1364
女性	344	573	170	87	92	58	42	18	1	1385
合计	730	1080	364	200	173	108	69	23	2	2749
占比	26.56	39.29	13.24	7.28	6.29	3.93	2.51	0.84	0.07	100

注：统计信息截至2017年8月22日。因1人年龄缺失，故实际统计对象为2749人。

　　一方面，这些人很难离开村庄、离开土地，他们相对单一的劳作技能保证了他们有土地就能活下去。另一方面，这些人在农村种点儿地，不仅能满足基本生存所需，同时也是他们自身价值和尊严的体现。从农村家庭结构、地位构建和内部利他性来讲，能干活、对家庭有所贡献，能够让他们自认为自己还"有价值"、对家庭是"有用"的；而一旦进了城，他们如果找不到活路，或是技能和体力上做不了、干不动了，那他们就会认为自己成了"无用"之人，成了家庭的负担，也失去了活着的价值和意义。在农村，没有明确的退休边界，反而"银发"农业中有积极的方面，比如毕生积累的农业作物经验、地方节气物候知识等；而在现代城市制度构建和就业结构中，年龄、技能都是严苛的门槛，他们无疑是就业领域的弱势群体或是被排斥者。

　　总而言之，在牛村，目前阶段举家搬迁进城，是一个对所有年龄群体都有困难的选择，区别只在程度上。老弱人口不愿离开、也离不开村庄和土地，有在本地或是向外发展能力的青壮年人口同样无法断然离开村庄的资源。尽管从代际而言，老年人和年轻人的生计方式分化在拉大，生存状态出现了二元化现象，但不可否认的是，这两种生存状态之间是一种互补关系，而非互斥关系；牛村以务工为主、农业或跨产业兼业等多种经营方式并存的家庭经济形态，恰恰也反映了牛村发展的中间阶段特征，即既不能仅仅立足于农村，又不能完全脱离农村的过渡境地。

从劳动者的角度而言，按照马克思政治经济学理论，劳动力商品的价值包括维持劳动者本人生存所必需的生活资料的价值，维持劳动者繁育后代及其家属的生存所必需的生活资料的价值，以及劳动者接受教育和训练所支出的费用。那么，对照可知，这些从农村进入城市出卖劳动力的劳动者，他们的工资达不到完全商品的价值，换言之，他们的劳动力只是"不充分的商品"，其商品价格难以满足其家庭生活在完全货币化之后的所有需要。而正是因为他们在身后的农村老家还有一定的生产资料，还有农村经济"蓄水池"的支撑，才使得他们避免直接落入城市贫困的惨境；如果将后方农村作为所谓"穷根"彻底拔除，那他们在城市尝试"扎根"的基础就会严重动摇，一种结果就是，这些原本就相对贫困的农村人口，被剥离了最基本的生产资料，除了政府补贴得来的一套房屋，他们身无长物，或者成为城市雇佣劳动者，或者成为城市保障制度的政策对象，而生计方式的明显收窄，也让他们的生存脆弱性陡然升高。

但是，在主流的传统－现代二元对立观念支配下，主导农村扶贫的基本政策思路，从产业扶贫到易地搬迁，大都还是在用城市思维改造农村，用工业方式改造农业，以雇佣劳动制改造农民。

二 生活空间：房屋及其精神意义

村民们除了作为劳动者，他们的主体性还更多表现在他们作为石山社会关系网络中的当地人、牛村村庄和个体家庭的建设者，以及长期日常实践中的生活者当中。从整个村庄到各家的房子，一土一砖一瓦都在共同构建他们的私人和公共生活空间、宇宙观念以及生活的精神意义。

房子是家庭的物理承载形式，在农村建房、修房及在城市买房，对于大部分国人都有着重要的家庭建设和生活节点、人生阶段意义。因此，调研中我们重点对牛村村民的建房情况做了考察。通过请各村民组的关键报道人逐户填写本组近20年来的房屋建造情况，我们收集了牛村12个村民组、446户村民家庭的大致建房信息，覆盖全村近八成农户家庭（见表4-4）。

表4-4 牛村农户建房情况统计

单位：户，万元

村民组	建房时间	费用	资金来源	危房改造补助		
				户数	户金额	总金额
M组	2008~2013年	1~7	打工及跟亲友借	29	0.9~1.6	30.4
B1组	2007~2015年	3~40	打工、养殖及跟亲友借	25	0.8~1.8	27.5
Y组	2008~2014年	5~30	打工及跟亲友借	22	0.8~1.8	23.7
B2组	1998~2015年	2~11	打工及跟亲友借	31	0.8~1.5	32.4
Z组	2005~2015年	1~30	打工、贷款、种植及跟亲友借	44	0.9~1.2	52.2

村民组	建房时间	费用	资金来源	危房改造补助		
				户数	户金额	总金额
N 组	2000~2013 年	3~30	打工、贷款、种植及跟亲友借	31	1.25~1.5	37.2
S 组	2010 年	4~40	打工及跟亲友借	22	0.5~1.5	17.6
T 组	1998~2013 年	2~20	打工、种植及跟亲友借	20	0.8~1.2	17.6
D1 组	2012~2014 年	8~30	打工及跟亲友借	32	0.9~1.6	35.2
D2 组	2008~2014 年	2~40	打工及跟亲友借	31	0.9~1.25	28.1
G 组	2001~2014 年	2~30	打工及跟亲友借	25	0.8~1.8	29.8
R 组	2001~2012 年	3~8	打工、贷款及跟亲友借	15	0.9	13.5

资料来源：牛村调研。

整体来看，牛村农户的建房时间主要集中在 1998~2015 年，依建房时间早晚和用料、大小等，费用从 1 万元到 40 万元不等，建房资金主要来自家庭务工收入、种养殖收入以及借贷，包括向亲友借钱和向金融机构贷款。从收集到的信息看，全村每户人家的建房都与务工（收入）有关，每户也都多多少少有向亲友借款。不过，种养殖收入也是家庭建房的重要经济来源。整体上，牛村人的信用网络深植于血亲和姻亲构建的社会关系网络中，求助于亲友是最可靠的首要选择，而求助于市场则是最末位的选择。

（一）经济成本核算

如前所述，这些年来经过多批次的危房改造，特别是在危房改造整乡推进实施后，牛村基本上每家都享受到政策扶持，各家各户的住房条件都有了明显改善，尤其最近几年新修了不少楼房。所以，今天走进牛村任何一个寨子都能看到不少建得很不错的房子，多是花费数十万元、修了好几层的独栋小楼房，每户房屋的使用面积也都在 100 平方米以上。而且，还有不少农户的全部家庭成员目前已有不止一处房屋。按照地方政府的先期规划设计，一些农户的个别家庭成员在县城的安置点申请到移民房，一些农户在牛村的市场周围花了数十万元建起了好几层的楼房。

但是，按照整体搬迁跨区域城市安置政策，一旦易地搬迁进城，则全部统一按照人均 20 平方米的标准进行住房分配和补贴，而且迁出人口在迁出地的所有住房不论新老必须全部拆除，原有宅基地上将进行复垦复绿；对于拥有多处房屋的家庭，也不会再按照实际房屋价值额外进行补偿。而无论是起居的舒适性还是经济价值，目前城里的住房都不见得能高过他们在村内或本地安置点的自建独（多）栋小楼房。这些都是牛村农户的顾虑，一旦搬迁将不能再回来，特别是已有多套房的农户，他们尤其不能接受拆除全部房屋却得不到相应补偿。

更关键的是，农户在住房安排上还需要做些长远考虑，照顾到家庭全体成员的个人成长和人口再生产计划，但目前的移民安置政策却只能是针对当前的家庭人口，按照家庭现有人口规模来计算安置房面积标准，不会虑及移民家庭短期将来或长期的住房需求。尽管一家人口越多，安置房的面积越大，但房屋的功能空间可能并不能完全满足当下的住房需求，比如一家三代人，随着未成年子女的成长，需要按性别分开卧房；比如家中有婚龄人口的，极可能短期内就会面临子女成年分户、结婚、生子等的现实情况和新增人口的居住需求；又或是家中的未成年子女，特别是男性，未来几年或十几年在他们成年、进入婚育阶段后，就会像很多当下的城市一族一样，面临成家和购房的压力。因此，对移民家庭而言，搬迁同时意味着更多的风险和支出，特别是成本很高的住房。

所以，这里的政策设计和实际以及潜在需求之间的落差在于，搬迁政策安排的是当下，它预期这些从农村搬进城市的贫困人口能够拔除"穷根"、摆脱"困局"，并在未来获得较好的自我发展能力，然后像城市居民一样过上城里的好日子；但是，作为搬迁对象的农民却不光要看清当下，还必须看得更远，他们需要提前预判，自己将来是否能在城市真正"扎根"，是否能够应对一系列的新风险，包括购房支出等。事实上，这些新风险和新成本极可能超出了大部分家庭的支付能力。

（二）生活价值承载

在农民的日常生活和生命历程中，建房是一个家庭发展中的重要标志性事件，房屋凝结了他们的数载心血，是"一砖一瓦地节省"来的，也因而承载了巨大的精神意义。对于他们而言，房屋不仅止于物理形态的住宅，它同时被赋予了重要的价值意义，在家庭日常生活中、在个体生命历程中、在村庄社会关系网络中。所以，很多农民外出务工，挣到钱、攒到一定程度时，都会回到农村老家去建新房或是翻新老宅，而这可能是要花费他们几年甚至十几年的收入；除了钱，其中还有很多的苦累。

我家是 2008 年从老宅搬过来。那边太偏僻了。老房子是我家老太（曾祖父）修的。后来准备修这个房了，我一个人去打工，老婆在家带两个娃娃。因为挣的钱不多，就想自己打砖，结果没想到搞死火了，烧了 6 万块砖，一块都不成，当时打工的钱全部砸到这里了。没办法，2006 年又去打工，出厂的时候身上有 1 万块，到家还剩 8000，这点钱修房子是肯定不够了，只是作为一个启动，其他都是靠亲戚帮助的。我弟兄多，12 个，修房子的时候，（每）一个借给我 1000 块。

我这房子在路坎下，坡度大、石头多，地基不太好打。炸药、雷管买来，我自己装、自己放，把石头开下来。以前从来没有干过，但是到那个时候，你不会都会了，没有钱你能怎么办？烧砖的时候背泥巴，后来背砖，我的腰上、屁股上，打得全是泡，掉了好多皮，手上的皮也是脱了一层又一层。每块砖都要背几次，那时候路还没整，砖从路坎上倒下去，又要背上来往上修。

其实不光是我家，每一家都是这样，自己辛苦挣钱，辛苦地修。想想那时候多么辛苦、多么劳累，只有自己知道。所以现在搬迁，喊拆房子，哪个舍得，哪个不心痛啊？他们现在这么搞，哪个不寒心啊？政府说，挖房子先从干部家挖起，干部就不是人了吗？（牛村村民 YSY、其母 YCL）

在牛村，由于早年交通不便，建房不光成本高，更是一件苦累的大活儿。而每家每户却都这么过来了，一砖一瓦地建起了新房。如今如果搬迁，他们当年辛辛苦苦亲手建起的房子就要被拆除，这也让他们从感情上难以接受。而按照政策设计，易地不是简单的改换空间，更是土地的"交易"：为了实现土地的增减挂钩、占补平衡，以及出卖土地指标，以偿还修建移民安置房的贷款等，农民的旧房就必须拆除，而且拆得越多，"交易"才越划算。因此，政策有要求，凡是搬迁的农户，一律拆除旧房；而且，无论房屋大小、套数多少、建设年限、标准质量如何，统一按每人 1.5 万元进行拆除补助。对此，村民们很难买账。

不过，在农户眼中的生活空间和价值载体，在一些城市基因的领导眼中却仅仅是落后的代表。因此，不光是人要全部搬走，房子也要全部拆掉，拆了房才会彻底断绝他们再回去的念头。政府认为拆除旧房是为了推农民一把，迫使他们改变观念，不再回去"没有出路"的村庄，积极拥抱城市新生活；但农民却希望先留着老房子，因为他们不知道进城后会怎样，而万一情况生变、城市里待不下去，他们至少还可以回到老家。因此，即使是少数已经搬迁（实际两头跑）的农户，他们也坚决表示，"如果政府喊拆房，我马上退钥匙回家"。可以说，拆不拆房子基本上是搬迁农户的底线。而一些参与搬迁工作的干部也认为，拆房政策的相关规定有其不合理之处，至少时间周期上应考虑适度放宽。一些干部还提到当年的石山事件，提出要吸取历史教训，搬迁也要考虑老百姓的实际情况。

拆肯定要拆的，这个政策要坚定，不能动摇。但是，拆迁的时间可能要给长一点，一年的时间是不是太着急了？等他到那边住得舒适了，这个房子过两年不住，就自然而然地住不成了。可能这个时间上要延缓一些，不要太急了。如果操之过急，会激发很多问题，特别是民族地区的民族问题，如果要反对你的话，会集体反对你，因为我们这里是有过教训的。（石山镇某领导M）

但很显然，上级政府要的是"断后路"，是破釜沉舟的勇气；搬迁农民却想的是"留后路"，是留得青山在的智慧。从生活哲学上来讲，农民的想法不仅更加关切生活中的不确定性，更能理性地做好心理准备以应对各种风险，也更加具备弹性和韧性；而这些，都是他们作为本地人、作为生活者，在长期的生计脆弱性、不确定性中不断地强化风险感知、积累关于风险的知识、提升风险认知的能力，以及优化风险应对的策略，由此生成的重要且积极的主体性价值。但这一积极方面，却往往湮没于"贫穷"的标签和"扶贫"的话语之下。

三　文化社会空间：族群联结与婚姻、丧葬

易地移民搬迁还将面临既有社会关系网络的打破与重建。牛村是一个民族自治地区的少数民族村寨，村民在长期的迁徙、定居史上形成了有序、有力的族群联结和文化

社会纽带，也深刻地写入了他们的日常中，一如通婚边界，又如丧葬仪式。

（一）婚姻纽带

牛村 12 个村组中，苗族人口有近六成，又细分为黑苗（4 个村组）和红苗（3 个村组），汉族有近四成，此外还有极少量的布依族，以及因婚嫁等故而来的侗族、土家族、壮族、黎族、瑶族和彝族等其他少数民族人口。以主体族群来看，黑苗、红苗至今仍保有各自文化、社会关系、居住安排上的族群特征，区别较为明显；在跨族群的交往上，两苗与汉族、两苗之间也都存在一定的交际距离，主要表现在婚姻缔结等方面。

婚姻是构成社会空间的最基本联结因素之一，通婚边界则正是这种空间建构中的一个关键指标。牛村的红苗、黑苗、汉族、布依族在传统上均是族内婚，如苗族、汉族、布依族相互之间均不娶 / 嫁，直到今天这一特征依然比较明显。

> 我们这辈都还论族别，汉族不要苗族，苗族也不要汉族，如果苗族去要汉族，证明你这个苗族已经是很差的了，没有人要你，才去要别的族，到娃娃这一辈就不存在了。（牛村村民 LYX，红苗）

实现族内婚的方式主要就是姑表亲和娃娃亲。

我是来舅舅家的，以前必须有一个来养舅舅，我妹嫁出去了，我就来了。姑妈家必须一个姑娘还到舅家，看舅家儿子年龄来，不一定论老大或者老二，也不论是大舅还是二舅，只要男女年龄不超过两岁。（牛村村民LYM，黑苗）

我是从孃家（姑妈家）嫁到舅家的。8岁定亲，那时只有母亲了，父亲死得早，亲事是叔爷定的，15岁来夫家。结婚的时候（还）不通路，走过来的，走了一整天，走到这里太阳都落了。（牛村村民XMM，红苗）

这样的姑表亲既有同一村寨内部的，也有不同村寨之间的。从通婚的地域范围看，由于石山地区历史上交通非常不便，山高坡陡，所以通婚半径都不大，地域范围相对固定和封闭，而且与族群的迁徙路线密切相关。基本上，红苗、黑苗都是与本村镇及周边三四个乡镇的同族群通婚，本村内通婚很普遍，在牛村，几个红苗、黑苗的村民组都有娘家、夫家均在同一个村组的家庭。相对而言，汉族的通婚圈则比较松散，通婚半径也较大。

我母亲娘家是旁边镇的，是红族（红苗）；我妻子是直县花乡的，在万县的边界上，也是红族。年轻的时候都是找少数民族，我们只往少数民族地方跑。那时候少数民族要（娶）汉族是不可能的。语言、风俗、规矩都不同。50（岁以）上的有些都不会说汉话。风俗和传

统都不一样。（牛村村民 XKR，红苗）

娃娃亲也是传统中常见的结亲形式，无论是苗族还是汉族，娃娃亲也都曾普遍存在。牛村老一辈人中，由长辈约定、包办的娃娃亲很多，定亲年龄也都很小。

> 我老伴是邻村的，我们那时候婚姻由父母定。我的婚姻是 6 岁定的。一般定亲早的才两三岁，晚的也就 10 多岁。订婚要找媒人，拿两只鸡，一公一母，一壶酒，一小溜腊肉。订婚后每年拜年，拿糖和腊肉，看她家亲戚数量，一家两块糖一溜肉，一块糖两三斤。一般到十七八岁的时候就可以结婚了。结亲那天姑妈、叔娘、伯妈去，都是女的，最多有一个男的代理，新郎本人也要去，新娘出门不抬轿，再远都是走路，无论多远，东西由年轻人抬，或者用马驮。（牛村村民 XDH，红苗）

此外，随着对外交通的发达、人口流动的加快、社交范围的扩大，牛村年轻人中自由恋爱的情况也越来越多。在调查中，我们从村民的口头讲述中了解到，几乎所有人都认为如今缔结婚姻已经不再区分族别了。但是，通过村庄系谱作业却依旧能看到，每个族群在通婚上仍有着较为清晰的界限（见表 4-5）。

整体而言，在牛村全部农户家庭中，苗族、汉族之间互相嫁娶，以及布依族、汉族互相嫁娶的都较少，全村调查收集到的 666 对婚姻关系中，仅有 87 对是跨族群通婚；而且基本上都是近年新婚的年轻人，20 世纪 80 年代以前出生的村民都极少与其他族群通婚。在跨族群通婚中，苗族和汉族、汉族和布依族的通婚数量在逐渐增多，这些基本上都是外出打工的年轻人；而黑苗和红苗之间的跨族通婚直到今天依然是少数，全村人口中红－黑苗结婚的也仅有 9 对，在红、黑苗共居的 D2 组，54 对婚姻关系中也仅有 2 对是跨红－黑苗的；在红、黑苗和汉族杂居的 Z 组，139 对婚姻关系中仅有 1 对是跨红－黑苗的。

表4-5　牛村通婚情况统计

单位：对

项目		通婚范围							跨族群通婚			
		本组	本村	本镇	本县	本省	外省	小计	红－黑苗	苗－汉	布依	其他
黑苗	M组	6	5	35	5	3	2	56	2	3（均嫁出）	—	
	S组	4	2	11	1	1	1	20	1	2	2	—
	G组	8	6	18	27	1	6	66	—	6	—	
	R组	6	4	12	13	0	5	40	—	5	—	—
红苗	Y组	6	6	17	12	0	4	45	3	8	—	
	D1组	8	12	28	17	4	3	72		3	—	
苗	D2组	2	12	7	27	3	3	54	2	5	—	
汉	B1组	4	2	24	4	3	1	38	—	3（本村外）	2	
	B2组	6	11	5	5	1	2	30	—	3（本村外）		1
	N组	2	3	3	9	1	4	22	—	6	4	1
	T组	14	1	31	22	7	9	84	—	2	—	
杂	Z组	16	23	39	36	14	11	139	1	12	4	2
合计		82	87	230	178	38	51	666	9	58	15	5

资料来源：牛村调研。

这样的通婚方式和婚姻关系不仅将一定区域内的同一族群联结在一起，也成为同一村寨内部社会网络的重要纽带。以苗族为例，聚寨而居是牛村苗族的基本聚集方式和居住格局，族内婚则有力地强化了一个小村寨内不同姓氏家族、家庭的凝聚力，将所有姓氏的村寨成员团结为一个整体。在牛村的黑苗寨子 M 组，共有罗、杨、吴、秦、韦、陶六个姓氏，其中，罗姓、杨姓是两个大姓，他们之间互为姻亲，形成了强强联合；此外，罗姓跟吴姓、韦姓也都有姻亲关系，杨姓跟秦姓、韦姓、陶姓都有姻亲关系，形成了强弱互补。而仅有 18 户人家的 R 组共有杨、陈、梁三姓，其中，梁姓后生上门到杨姓家庭，陈姓家庭又娶了杨家的姑娘，他们也都通过结为姻亲来不断地强化彼此的族内联结。

正是基于这样的婚姻联结方式，牛村的三个主体族群在村内聚族而居，各自形成了相对稳定的亲属关系网络，并以姻亲关系为纽带构建出了各个家庭的社会关联以及各族群的社会空间，各为一个小社会，尤其是牛村的苗族，族群内部极为团结，在面对一些重大事件时也具有极强的动员力量。而一旦搬迁，牛村整体和族群各自的社会关系网络将被打乱。

按照新市兴隆新区两个大型移民小区的安置方式和住房标准，以家庭人口 6 口为界，6 人以下的家庭和以上的家庭将被分别安置在不同的小区，两个小区之间相隔甚远；在房屋户型上，仅依照不同的家庭人口规模进行设计，不能完全照顾到不同的家庭结构类型和起居需求；选房则采用抽签方式，同一小区内随机分配房号。如此一来，农户在村庄中共享的以村寨为基础的完整小社会，到城里的大型移民安置区内，将被肢解为一个个孤立的小家庭，而村落共同体中长期形成的传统社会联结、互惠关系网络也将逐渐被消解殆尽。

（二）丧葬习俗

丧葬习俗不仅仅体现为社会关联，还更多地表现为当地人在面对死亡时的文化宇宙时空观。在牛村，红苗、黑苗和汉族对待死亡都表现出极强的家园感，极度重视家园的意义。在村民的传统观念中，死亡就是回家。这里所回的"家"，既是有形的房屋，也是无形的精神家园。所以，不论是苗族还是汉族，他们一方面都强调死者必须是在家里咽下最后一口气，否则亡魂就无法回家；另一方面也都发展出一套自己的"规矩"，以帮助新亡人尤其是亡故在外的逝者死后能顺利回到家里。

在苗族，以黑苗为例，丧葬仪式由东郎[①]主持，他们除了砍马之外，最重要的就是"唱"，要唱开路词、唱族谱、唱亚鲁王。通过唱的方式，黑苗人的亡魂就能跟随东郎的引导，经过45道关，然后顺利地找到祖宗的家园，回到自己的"家"。

> 我们黑族老人过世的程序是：首先，在家病死的，平葬，不要牛马砍。在外死的必须砍马，在医院病死的

---

① 即《亚鲁王》传唱人。《亚鲁王》是当地著名的苗族史诗。

也都要砍。不在家里死的入不了宗，（那边的）老前辈就不接收他，必须要给他马（来带路）……在我们族的传说中，亚鲁王死后，马燥得很，吃庄稼，人准备砍了它。马磕头，说你不要砍我，以后你老了，走不得路，想去看你的田土、赶场、走路，你拿马鞍配上，我背你去察看你的庄稼、看你的田土、背你赶场，以后你死，你用我背你去入宗。这样就不杀了。亚鲁王的儿子死了，就用它来砍。首先给马开路，再给人开路。开路就要交代，后人帮你买了马，背你去入宗，用马鞍配好，爬上它的背，它背你。在家里死的不用骑马，在家里（死的人）就知道怎么找，祖宗也知道来接他。在外面死的就不知道，所以要交代给马，让马带他去。开路先是保佑各个亲戚朋友和后人，然后讲老古理，把亚鲁王唱完，从开天辟地到我们这一代，把这个唱完了唱家族族谱，哪个弟兄分布在哪里，还有哪些后人，家族从什么时候分，现在发展了多少家，讲完了以后，就交代给老前辈。从亚鲁王分布各家，唱到自己本家，分布唱完，交代亡人给老前辈，（然后）就开路，从屋里起，一步一步送出去，直接送到他的父母亲，交代给亡人父母亲，就（唱）完了。交代给父母亲要把他照管好，不要到处流浪，以免世人嘲笑，不交代就入不了祖坟。还要交代给那边的老前辈，前辈过世在前头，已经安家好了；（新亡人）才去，不知道怎么找，请老前辈帮他安顿好，免得世人看到耻笑。（牛村村民 CRM，黑苗，《亚鲁王》传唱人）

汉族同样有规矩。汉族有"先生"，丧葬仪式由"先生"主持，主要特征是"念"，要念佛经。老人家去世之前就要抬到家里的火塘边，因为是在房间里去世，幼年子孙中胆子小的会害怕，火塘边人多就不害怕；还要贴符，人在哪里落气、符就贴在哪里。

我们这里老人归天满福（去世）了，在哪个位置，就要记号，他是在哪里去世的，要贴符。老人在卧室，快要满福了，赶快弄到火塘边搭铺睡，满福后在火边穿好，然后入棺，再贴符，他回来就有去处了……我们这里说，生是我们家的人，死了是我们家的魂。接到哪里安葬都不依，那样就脱离自己的家了。在自己家安葬好了，后辈人写香火，满福的人就是上辈了。（牛村村民KQM，汉族）

贴符是为了隔他、不见他，因为有的老人过世了还会回家里来，搞得乒乒乓乓不安宁。我们敲绕钵说的是，一里绕钵响，十里不烧锅，哪家有老人满福了，那些阴人一听见响动了，就说去他家，闹热。阳人也说去他家耍。隔就是为了隔阴人，孤魂野鬼的，他们来混吃。满福的老人七月半回家，平时不回来，平时只能打梦（托梦）见亲人。（牛村汉族"先生"LSJ）

汉族老人一样，也必须要在家里过世。一般情况下，如果是在外面，看到老人家不对头了，就要马上背他

（她）回到家里。而按照汉族先生的说法，死在外地，就比如搬迁去外地后死在了其他地方，亡者就不知道自己在哪里，也就找不回来了，就只能通过托梦见到亲人了。

> 老人要是搬出去，在新市或者在万县过世，就回不来了。如果在外面，他怎么知道是在哪里。如果搬动了，他就不知道在哪里了，不像活人那样跑来跑去的他也还知道地方。（牛村村民 KQM，汉族）

在这样的丧葬习俗下，牛村村民不论族群都对自己的家园特别的依赖，尤其是年迈的老人，最害怕离开久居的家园，害怕在外面出了意外再也回不到祖居之地。更为关键的是，一旦搬入城市，将面临火葬取代土葬的可能，传统的丧葬仪式和种种引导亡魂归家的规矩也将逐渐被取消，这就更增加了他们对于未来搬迁后生活礼俗彻底发生变化的想象。当预见到这种不确定性时，对当地人而言，他们将来身故之后就可能变成无家可归的孤魂野鬼，亡灵就要四处漂泊了，这在他们看来，尤其是对于很多上了年纪的人来说，都是一件非常可怕、完全无法接受的事情。

> 大家之所以不愿去，因为新市有火化场，他们最怕的就是这个。真的哪天过世了，就得包包灰掫出来。（子女）忠孝的还提起来找个去处（安放骨灰），不孝的一出火化场找个地方就把你甩丢了。好多老人就担心这个，老人接受不了火化。（牛村村民 KQM，汉族）

即便是最终接受了城市的丧葬办法，新的成本可能也会超出很多家庭的承受能力，"回不去"又"死不起"。因此，在怎么死以及死后怎么办的选择上，牛村不同族群的村民也表现出了极强的社会团结。

而动员村民搬迁的政府官员，在多次劝说无效后也清楚了老人们的担心。对此，他们的态度是，让年轻人先搬出去，老年人就留在老家等待自然淘汰。如此，老人们便成了村子里的那些"被抛下的生命"。

第二节　村干部：政策解释与执行的挑战

不仅是作为搬迁对象的村民对整乡搬迁政策有看法，作为搬迁政策解释者和落实者的村干部们，同样对搬迁有着不同的意见。作为牛村村民的成员之一和基层政府在村庄的代理人，他们也有对整体搬迁的质疑和不搬的诸多考虑，他们也更希望搬迁工作能以一种更加稳妥的方式来逐步推进。

一　关于城镇化集中安置方式

如前所述，地方政府选择城镇化集中安置的一大依据是，之前水库移民工程的城镇化安置取得了"成功"经验，可供新一轮易地扶贫搬迁工程参照。但是，这样的经验参考和政策设计只看到水库移民的成功结果，却未能对照水库移民之所以取得成功的特殊前置条件和工作保障机制加以综合考察和判断。

第一，不同于易地扶贫搬迁政策本身的政府补助性质，水库移民是补偿性质，这也决定了水库移民工程的搬迁对象会享有一定的合理补偿机制，乃至后续相对稳定的扶持机制。

> 水库移民为什么搞到现在？因为这个政策还是非常成功的，配套的东西好。为什么稳得住？最大的不同点就是，水库移民是属于补偿性质的。所谓的补偿性质是，老百姓搬出来以后，原来被淹没的房屋、土地、林地，哪怕包括一棵树，都按照你的房屋结构统统给你算进去；搬到另外一个（移民安置）点以后，就近还要划拨土地给你。
>
> 我们还有后期扶持的政策。现在我们的水库移民搬出来以后，（后期扶持）最少是 20 年。后期资金有两块，一块是直补，人均一个月 50 块钱；除此还有项目开发资金。后期扶持资金是比较稳定的，来源是稳定的，包括电费基金都有，包括过去三峡基金都有它配套的一系列政策。后期扶持政策上，每年也都有基础设施。
>
> 我们现在易地扶贫搬迁，第一是政府主导、群众自愿，所以我觉得一定要尊重老百姓的意愿，不能强制把

房子拆了。第二，易地搬迁的钱是补助性质的，他不管你，你要搬迁的（人），非贫困户补助就是1.2万元（一人），精准识别的人均是2万元；拆房奖励是1.5万元（一人），是按照人头来给的，并不是按照你拆除房子的大小、多少、面积、结构、建材这些来计算的，是人均奖励。我们不知道怎么会出这个政策。（黔州移民局某领导 W）

一个是无条件搬迁之上的补偿，另一个是自愿搬迁基础之上的补助，政府资金和扶持政策的性质、力度都大不相同，两类移民的长远发展及其可持续性也将出现分化，前者是相对的确定性和发展机会，而后者可能更多的是不确定性和新的风险。首先，水库移民原有的地、产、物都能得到合理补偿；其次，城镇化安置也是带土安置，移民原有生产、生活系统仍保持相对一致；最后，在长达20年以上的后期扶持下，移民每人每月有直补资金、生活费基金、项目开发资金，安置居住地还有持续的基建类扶持政策，对水库移民而言，搬迁后的生活是可期的，是看得到未来的。但易地扶贫搬迁移民呢？只有城镇住房补助款、拆房奖励、入住奖励和家庭一人保障就业的所谓承诺，这笔易地搬迁"交易"的经济账并不上算。诚然，城市有更好的教育、医疗资源，长期来看还有更多的发展机会，但是，村干部很难绕开这笔经济账，用目前的整村搬迁政策说动村民们决然地抛下村里的所有住房、土地和各种资源，除了极少数自身已有举家搬迁进城想法的村庄先发展者。

第二，不同于石山整乡易地扶贫搬迁的执行要求是在规定的短时限内完成大规模集中搬迁，水库移民工程是一个长期稳步推进的搬迁项目，移民有数年或者数十年的安置期限和适应过程。在长时段的支撑和保障之下，移民的各种问题和政策执行的各种困境也都逐渐得以解决。

通过多年实施水库移民项目，我们州总的直接搬迁人数是13万人，各个库区受蓄水影响的是12万人，我们涉及的库区直接搬迁有25万人。在这样的搬迁过程中，跨区域搬迁，搬到新市市区、万县县城来安置的老百姓，都有长达十几年、二十几年的，短的也有七八年。他们融入城市生活，经过这样一种生产生活方式的转变以后，他们基本就稳定下来了，也就是，他们适应社会的能力、生活能力和发展能力也有所提高。

……

上面易地扶贫搬迁的安置方式是多样的，是要因地制宜地选择安置。在安置方式上我们不要"一刀切"，一下子（要求）所有的贫困户都一律进城，这个不是一个小事情。我们全州搞了一二十年的水库移民搬迁，才9万多人搬了。现在搞易地扶贫搬迁，第一年就有差不多7万人的搬迁，这不是一个小动作。（黔州移民局某领导W）

时间也是一种关键资源，大项目会在长时段中稀释成本，移民也能预期在长时段中渐次获得各种所需能力，从而大大缓释其对于搬迁的焦虑，相应也会改变对于搬迁的认识以及对城市生活和发展机会的渴望。

第三，不同于易地扶贫搬迁移民进城后除了自住的政策房外没有任何其他资源或资本，水库移民的城郊有土安置给他们带来了在城市参与发展的资本，即城市中最具价值的"土地"。

> 我们的水库移民、我们的安置点建设，包括我们的土地耕种，人性化到哪里？安置点的选择，必须在耕种半径两公里范围内，我们还考虑到这一条，这是便于耕种。为什么乡镇可以？因为我们老百姓他靠土地赖以生存，农业必须要做、粮食也必须要有人种，饭不吃是不行的。搬迁就是要改善到好点儿的条件，但是要（让）老百姓选择了。能不能到大的中心集镇去？这个也可以提高城镇化率，小城镇也属于城镇人口，不一定要到城市里面……从另外一个方面讲，对城镇化的推进还是有好处的。但是反过来，城镇化的发展、城镇化的推进，必须要有产业支撑，必须要发展产业，必须要发展工业，工业化带动城镇化，工业是带动就业最大的产业，没有工业就没有城镇化，我们还是非常担心。我就是主张，在大的集镇、中心集镇、商贸繁荣的集镇（搬迁安置），（选择处于）乡村和城镇之间的，进可攻，退可守。（黔州移民局某领导 W）

尽管水库移民也是城镇化安置的方式，但是，首先，移民大多安置在城郊，并且是按有土安置的形式。在配置给他们的土地上，搬迁户短期内可以延续类似村庄的原有生计方式，他们的生活来源、生产方式也相对多元化，不像易地扶贫搬迁的农户那样单一，只能选择在城市重新找工作。对于城市新移民而言，城郊是一个缓冲地带，它不仅是区位上的，也是经济上的、生产生活上的，更是心理上的；不是要求移民一步到位，直接将其丢入城市的"大漩涡"中，而是帮助他们在这样的缓冲地带上逐渐完成过渡，开始适应城市新生活。其次，作为城市里尤其是城市扩张过程中最为稀缺的"土地资源"占有者或使用者，水库移民因其在搬迁安置时获得的一块土地，而有机会部分地共享到城市土地收益。一旦城区扩展或城市发展规划出现调整，土地被征收，他们也能相应获得一笔补偿资金。而一些安置点的水库移民也的确因为这一点，家庭经济条件得到极大改善。

有了此前水库移民政策的对比，村干部在向农民做易地扶贫搬迁政策宣讲和动员时，任是把城里的教育、医疗资源吹上天，把每家保障一人就业的承诺拍破胸膛，也不如跟搬迁户说城里会给你们重新分块地来得有效，而后话却是他们想提都不能提的。

二 关于迁出地土地、房屋处置方式

石山整乡易地扶贫搬迁政策设计的补助和"交易"性质，也让搬迁对象产生了一定程度的剥夺感，尤其是迁出地的损失与迁入地的所得差距了然，最明显地体现在对农民的承包地、山林以及宅基地和房屋的规定上。

（一）流转开发的承包地

在整乡搬迁政策中，对于搬迁户在原村的土地，规定是土地的承包权仍属于原农户，土地的流转收益也归原承包者所得，土地上原有的各项支农惠农政策补贴仍保持不变；但是要逐步引导和鼓励搬迁农户将土地流转出去，给更有实力、更有能力的公司、合作社等去经营，可以结合农业开发、退耕还林和产业扶贫政策等，对农户原承包地和复垦增加的土地进行集中开发，种植市场前景好、附加值高的经果林、茶叶、中药材等，以实现农户增收、农业增效、农地增值与生态恢复的多赢。

这样的政策设计看上去照顾到各方利益：原本缺乏发展能力的农户从土地流转中稳定获得流转费，农地的利用效率和产业价值更高，生态恢复也更加稳定可持续。但是细探之下，这样的思路却也存在矛盾之处：既然搬迁的前提条件是"一方水土养不起一方人"，那么，这些地方的土地究竟是否还有开发价值？如果多少仍然存在开发价值，也能够通过开发这些地方的土地实现农地增值和经济发展，那么，为何又要将当地原住人口全部都迁走？

不能搬了就说是脱贫，仅仅盯在易地扶贫搬迁上也要出问题，必须要综合措施一起上。整个农村怎么办？搬出来了怎么办？就真的有那么多企业愿意到这边来生产、流转土地吗？我们地方有很多是差的，就算是高速路通了，到真正的土地也还是要很长时间的。下了高速路，还是要翻山越岭，这就是我们的地形。所谓"一方水土养不起一方人"，深山区、高寒区、石山区，交通闭塞，地质灾害频繁，缺水，这些地方的土地流转，你流转给哪个？现在"一方水土养不起一方人"（的地方），其实就是人多地少、人地矛盾突出。在全州调查下来，确实是"一方水土养不起一方人"的地方有没有？确实有，但是没有我们想得这么严重。（黔州生态移民局某领导W）

现在农村的惠农政策非常好，有些地方在我们的数字上、系统里可能是非常没有生存能力（的地方），但可能（实际）情况比较好。（贵州省水库和生态移民局某领导S）

从各级干部对当地情况的了解来看，经过多年的水土治理、石漠化治理、生态恢复以及交通等基础设施改善，当地真正的所谓"穷山恶水"已经完全不像过去想象中那样多、那样严重了。所以，当地一些农户尽管生活还徘徊在贫困边缘，或者发展刚有些起步，但对他们来说，土地、山林、河湖这些都是很宝贵的生存和发展资源。而且，从优势理论视角出发，农民的优势技能更多主要存在于农业生产领域。那么，是否当地目前欠发展的农户就真的不能参与后续的土地集约化、规模化、高效化发展呢？

还是，所谓的进村资本开发土地，实则只是为了另一种形式的土地财政和农业低端人口挤出？

总之，对搬迁农户而言，无论未来流转后资本是否获益、农地是否提质增效、生态是否恢复更好，他们更在意的是，通过易地搬迁让他们逐渐退出原居地的农地和农业生产，就是一种变相的剥离。村干部在政策解释中也很难说服他们自己、更难说服村民，他们搬走了以后这里的土地会有更高的利用价值，而农民的土地收益还在且会更加稳定。

（二）原房拆除与宅基地腾退复垦

限期拆除原房是搬迁中遭遇阻力最大的一条政策，不仅遭到被搬迁村民的强烈反对，就连做搬迁动员工作的各级干部们也都有反对的声音。

按照政策规定，农户在搬迁之后，迁出地的原有房屋即将要求拆除，而且是尽快拆除。拆除的期限最开始规定为搬迁之后3个月内，后来在执行的过程中阻力过大，省级主要负责拆除工作的相关领导做出指示，将拆除期限从3个月调整为1~3年；不过，在基层政府落实相关工作的推进中，都还是先按照1年的过渡期来执行的。这也成了当地整个易地扶贫搬迁工作动员中最大的矛盾所在。在我们的调研中，从省级到地方部门，尤其是直接负责此项工作的移民部门，对该条政策规定的意见尤其大。

这个东西不能逼老百姓，这个过渡期要放长一点，不要硬逼着老百姓把房子拆掉，让他两边都先有生存的保障，双保险，这样就容易过渡了。老百姓两边的资产都在就更好。

政策要求搬迁对象要在一年以内把旧房子拆除……但现在农村可能（实际）情况比较好。在这种情况下，他就要考虑要不要搬了。如果这边的就业没有落实，他留着老家的房子，种地吃饭没有问题，吃饭吃肉没有问题。

所以，这个政策的一年过渡期有点短了。我们把时间搞到2020年，问题不是很大。而不是现在就非要逼他拆。（省生态移民局某领导S）

……就是房屋拆迁，要给老百姓一个过渡期或者缓冲期，原来省里面来调研，我也讲过多次。为什么这么说？从感情上讲，旧宅、老宅，是农村祖祖辈辈的生存基础，你要让他一下就把房拆了？还有，现在我们农村的房子，从表面上看，通过这么多年的危房改造，包括外出打工的人回来了以后，农村人打工回来的第一桶金就是拿来把老宅改造，把房子先修起来。农村的住房现在你们调查下来看，有的是挣了多年的辛苦钱，有的还在负债，要搬、要拆，这是有很多问题在里面的，特别是不能太急。（要是拆了房）到城镇来了以后就回不去了，想种一点地，他想回去就没有办法了。所以旧房拆除要考虑老百姓的情感，我认为一定不要太急。（黔州生态移民局某领导W）

第四章
——
跨区域整体搬迁政策实践中的村庄主体性挑战
——

熟悉农村和移民搬迁工作的干部都知道，需要给移民一个缓冲期和过渡期，而且期限规定上宜长不宜短、宜慢不宜快。尤其很多农村的房子是祖屋所在地，是农民辛苦多年才刚建好不久的，甚至不少家庭还背负着债务尚未还清，独栋的楼房住起来也要比城市高层大楼里的套房更加敞亮、舒适……正如前文所述，农民的房子从建到住，对他们自身而言不仅仅是一笔经济账，也是他们多年奋斗的成果和结晶，更是他们人生和家庭重要阶段的标志、是他们立足村庄的标志。而要让他们放弃亲身奋斗才建成的大楼房，而去换取城里按人头规定面积、补贴而来的政策房，村干部自觉很难说服。

也只有给足了他们过渡期，用时间来换取新的发展机会、发展成就，才更容易让他们慢慢儿地从经济上适应起来、从能力上提升上来、从生计方式上转变过来、从心理情感上调整过来。而被视为城镇移民成功范例的水库移民，其重要经验除了有土安置之外，就是给移民留出了一个较长的适应期和扶持期。

从2011年开始实施的试点来看，我在县里的时候，也结合小城镇搞了搬迁，当时没有什么钱，就是简单地建一个60平方米的房子，非常迫切（想要搬迁）的这部分人很快就过来先居住在这个60平方米的房子里来创业；又想来但能力又不足的这部分人怎么办呢？他们就把这个房子先租出去，收了几年租金之后又往上盖房屋，租了几年之后就积累了一些资本，他们就可以过来了。通过我的跟踪了解，非常想来城里的这部分人，到这里居住大概三年之后就不再回去了，就彻彻底底地摆脱了对土地的依赖，他们进入了另外一种发展形式，摆脱了贫困。另一部分是底子薄，又想搬迁过来、但一时半会又来不了，先把房子租给别人的人呢，大概就是五年之后，他们过来（城里）了，又花了两三年的时间来适应，这批人真真正正能够安顿好的话需要八年的时间。（黔州移民局某领导 W）

从水库移民的经验看，哪怕是经济基础较好、迫切想要进城发展的农户，他们从搬迁到真正融入城市，中间也有三年的时间是在城里和村里"两头跑"；而基础薄弱但在城里有资产的人，他们通过几年的食租逐渐积累了资本后再进城，又有两三年的适应期。

那易地扶贫搬迁对象呢？一年的拆房期限留给他们两头跑的时间很短，搬迁后城里的房子自住都算紧凑，他们在农村和城里两头可以倚仗的优势资本相比从前更是减少；而且搬迁对象中不少还是老弱病残贫困人口，他们需要更久的过渡期。但恰恰是时间，在石山整乡搬迁政策推进中卡得很紧，年度有指标、拆房有限期、任务完成有时间表。在这一点上，村干部根本没有话语空间，也没有更好的政策解释空间，只得在上级交办任务之下照本宣科。

此外，原房拆除之后宅基地腾退复垦的政策设计，在村民看来，也是脱离实际的。"这边很多房子都是盖在石头上的，拆了房也复垦不了啊。这就是拆房的理由吗？"面对村民的质询，村干部也是无言以对。

> 文件要求要拆房、要复垦。但是拆了之后真的还能复垦吗？（万县生态移民局某领导 L）

> 现在目的就是两个，第一是土地复垦，第二是土地建设用地增减指标挂钩。但是话又说回来，如果我们易地扶贫搬迁真的是按一方水土养不起一方人来做，有的是半山区、有的是石山区，那个房子拆了（以后，那些地方）你就用不成了。（黔州生态移民局某领导 W）

不仅是村干部清楚地知道石山地区的这一情况，县乡干部、一些地州层级的领导干部也都有所了解。尽管当地的宅基地腾退复垦并不现实，但是，搬迁拆除工作还是要做，此前的政策解释也还要继续。

三 关于整乡搬迁政策本身的理解

事实上，对于石山乡的整乡搬迁政策，各级干部也都有不同的看法，尤其是县乡干部，认为整乡搬迁首先是必要性不大，其次是完成的可能性也不大。

> 从整乡搬迁现在的规划情况来看，像牛村这个地方应该是搬不走的。（如果）政策说要把石山整乡搬迁出

去、一个不留的话就比较麻烦，工作可能就做不完。目前来说肯定是这样。这个疑问我们也有，但是上级已经定下来的事情，我们不好说话。

也不一定搬到那里就能脱贫。我认为搬到那里只是搬迁，脱不脱贫还是要看他们的收入，看能不能工作，是什么工作。其实到现在还贫困的这部分人，他们有自身一些问题，或智能低下、老弱、不会找钱，还有些是懒惰，这部分人才是贫困的。贫困人在家里就是靠土地来生存的。所以上面提的这个想法是好的，但不一定能够实现。

中央讲的是要以脱贫为目的，我觉得拆房不是目的，只是一种手段措施。现在想让他们一下子断念头是很难的，这是最难的一个问题。还有上面也讲到，想要把整个石山都搬出来，确实想法是好的，但从八七攻坚到现在已经投入很多了，而且很多地方修建的房子很漂亮，我们觉得省里面应该结合实际，一部分搬、一部分不搬，有条件、有水的可以不搬……这么好的房子为什么要拆？我觉得政策还欠考虑。

一方水土养不起一方人才搬，但是在牛村，有市场、广场，环境还特别好，为什么一定要搬迁呢？整乡搬迁的话，老百姓的后期就业跟不上、土地流转不了，他们的生活没有保障的话，不稳定的因素就会很多。今年我们计划搬迁5000多人，是否现实、科学？我们可以把他们迁走，但是后面的就业谁来支撑？（万县生态移民局某领导L）

牛村现在已经越来越好了，为什么要全部搬走？房子建得这么好，又不能复垦，为什么一定要拆掉？对于整乡搬迁政策的一些规定，村民不能理解的地方，同样也是县乡干部所不能理解的。有这样的诸多疑问，村干部由衷希望政策能够审慎推进；同时，既是村民又是村庄代理人的双重身份，也让他们在搬迁政策之下面临牛村村民和上级政府的双重压力，他们也更加希望能有谨慎选择的空间。

但是，为了完成这一不太可能完成的任务，万县和乡镇干部不得已推出了一系列针对性的工作方案。

县里面多次召开常委会、常委扩大会，针对石山的整乡搬迁做了一些工作方案，同时要求石山所有的基础设施和产业（扶持）立马停下来。我们的卫生院已经快建起来了，但也停了，不能再继续往下建；通组路不能再修、危房改造不能再继续做，把以前的全部割断。石山乡的基础设施从 2016 年 5 月之后就不做了。这个影响非常大。因为搬迁总是有个过程的，就算搬走一部分，也还有一部分人生活在当地。其余广场什么的都不要去建了，但是生产生活需要使用的基础设施总还得要继续建吧。对通组路，上面有一个要求，就是"搬则不通，通则不搬"，就意味着老石山乡是肯定不再实施的，整寨、整组搬迁的也都不实施。（石山镇某领导 M）

县乡的搬迁工作组一方面是让所有答应搬迁的人尽快

启动搬迁，对搬迁拆房的要求则模糊处理，另一方面就是停掉石山乡范围内的一切扶持项目。这样的"利诱""威逼"双向推动，给这之后的搬迁工作埋下了诸多隐患，但却也让村干部和村民看到，石山整乡搬迁政策似乎是势在必行了。而面对各级搬迁干部的密集动员，尽管对政策有不同的立场、不同的看法，但随着时间的推移，牛村村民内部的分化也越来越明显了。

第三节　分化的主体及其行动策略

虽然作为一个村庄共同体，但牛村内部事实上原本就存在不同程度的分化，最明显的表现是资源依赖的分化、发展能力的分化以及代际分化等。所以，尽管整乡易地搬迁、跨区域城镇安置的政策虽然有其解释不力与执行失效的情况，但这也主要是针对牛村整体而言，并不是每个处境不同的家庭或个体成员都持有完全相同的想法。

而且，在当地政府始终将易地扶贫搬迁作为重点任务来推进时，在"百人百日作战团"的大量政策解释和密集动员工作之下，牛村部分村民的认识和想法也确实发生了一些变化，从最开始以反对为主，到后来逐渐有了更全面的认识，意见分化也趋于明显。村民们以其自成体系的理性方式对待搬迁政策，也相应做出了不同的选择：一部分人基于自身发展要求主动拥抱政策、积极支持搬迁；另一部分人基于下一代的发展机会为宣传所鼓动、同意部分家庭成员先搬迁；还有一部分人则始终比较排斥，坚决不愿意搬迁。

一　拥抱者：抓住政策机会主动搬迁

社会的发展进程中，无论城乡，总是有一部分人具备更好的发展基础和条件，或是有一定的文化，或是有较高的胆识，或是有灵活的头脑，或是有开放的眼界……总之，他们具备较强的发展能力，也更擅于抓住各种机会为己所用。牛村自然也有这样的人物。

那些有一定经济基础或技能的、曾经或长期在城市务工打拼的牛村人，他们此前就已或多或少地萌生了进入甚或留在城市生活的愿望。没有整乡搬迁政策之前，他们原本还要考虑进城之后的生活成本尤其是住房成本问题；而整乡易地扶贫搬迁一来，他们作为同步搬迁人口同样可以享受到住房方面的政策补贴，这恰恰解决了他们在城市化过程中的"刚需"问题，通过政策补助"送"来的一套房子，他们的住房忧虑彻底消除，这也更加降低了这部分人群融入城市、扎根城市的难度。

我今年44岁，户口已经迁移过来了。进城来我不怕，我一直都在外打工，胆子比他们大，我们村第一个报名的就是我。我来到新市是陌生人，但是我随时有活干，这就要有胆量去闯。我都是自己去找，没活了就骑着摩托车出去，看哪个样子像老板的，就去跟他搭讪，问他要电话。我刚搬过来一个星期就打了个伙契（认朋友）。他们觉得找工作难找，我觉得不是问题。只要有3天没活路做，我就骑摩托车到街上去到处问。我来这里第一次找活干，是下面卖鱼的那个老板，说他去一个村包了一个活儿，70元钱一个立方包过来，55元一个立方（转包）给我，我说先和他去看看，一去，他的老板恰好在那里，我上去和那个老板一握手，递根烟，就把他甩开了，老板给我的是72元钱一个立方，我自己喊一帮人去干。开始陌生，有钱都是和大家公平的分，为的就是组成自己的一个小团队，今后有活随时可以喊人做。现在手下有10多个人了，都是来这里后认识的。

我会贴地板、瓷砖，扎钢筋、水泥，样样儿我都会干。都是自己一边干一边学的，老板喊做什么就做什么，不会也说会，蒙起头学。2015年我去南京搞钢结构。老板问我会不会看图纸，我说会，其实我根本不会。去了公司，老板用车载我去，第二天挖机来了，要画线了开挖，我完全不知道该怎么干啊，就去公司里问，你们哪个是老总，你这个图纸我翻译不出来，你帮我翻译一下，还真的遇到个好心人，他帮我搞成简写，并且画上圈圈，哪里到哪里划石灰线，我就这样搞出来了，老板就信任我了。

我一个月可以干上20天，都在附近，一天至少100元，一个月起码也有三四千元。遇到最好的，4天得了4000元，是给一个学校里搞台阶。给他们搞那个工程的过程中，（我）就和里面的领导混熟了，校长什么的都认识了，摆成了半个老乡。工程搞完，也把老婆弄进了这个学校当清洁工，一个月 1600 元，包吃住。学校喊我干保安，我不想干，后来介绍了同村的去干，有五六个在里面干活的都是我介绍的。这个领导还准备喊我一起，成立一个劳务公司，哪里有活路就去哪里干。

家庭开支主要就是三个娃娃读书，老大一年 9000 元、学费 5000 多元，老二一年 4000 元，老三一年 2000 元。老大如果上了大学，我就靠自己双手去拼搏。我现在没什么压力，凭自己的手艺可以养活一家人。老家的房子 3 层，300 多平方米，加上 3 个（蓄）水池，（牲口）圈 200 平方米，院坝加起来一共 600 多个平方米。家里一切都是齐全的，内部装修过。房子加（盖）的两层都花了 30 万元，还不算劳力。但是如果要拆房，我舍得。但是如果只拆我家，肯定心疼得很。如果政府喊拆房，我第一个愿意。（牛村搬迁户 WYS）

很显然，WYS 是典型的村庄能人，自身有技能、有胆识，还擅长处理人际关系，并能从中抓住机会，他靠自己的一身手艺就能负担一家人在城里的生活，还帮自己的老婆、同村的亲邻找到工作。他的情况非常突出，也是牛村中主动拥抱整乡搬迁政策人群的典型情况，有一定技能傍身，就有了应对进城后诸多新风险的底气和胆气，也就更加敢闯、敢干，这是一个相对正向的、向上的发展螺旋。

但是，像这样一些在城里"找工作不是问题"的人，在牛村并不普遍。而且，更重要的是，这样的农民早已不是贫困人口了。相较于贫困人口，他们完全有能力通过自己获得发展，且已大部分转移出了农业生产经营，易地搬迁的政策房于他们而言，更是锦上添花；至于村里的房子、土地，在他们扎根城市后也就变得相对鸡肋了，所以才虽然心疼但却舍得。

到 2017 年，牛村同意搬迁的共有 167 户，其中，真正搬入移民安置房且有家人实际入住的只有 50 来户；这里面，有 10 户是做建筑的，有 6 户是跑运输的，有 4 户是做生意的……他们视整乡搬迁是绝佳的政策机会，他们也是搬迁入城最积极的响应者，他们大都已经萌生了进城发展的想法，而且也具备了基本的甚至是足够的城市生存和发展能力。

二　权衡者：为了下一代而选择性搬迁

牛村同意搬迁的百十户农户中，还有一部分人实际是做着城里、村里"两头跑"准备的权衡者，或者说政策投机者。

在易地扶贫整乡搬迁动员宣传中，用得最多也最吸引村民的就是迁入城市良好的教育、医疗等公共服务资源。党的十九大提出，我国社会的主要矛盾已经转化为人民日益增长的美好生活需求和不平衡不充分的发展之间的矛盾。这种发展的非均衡更多体现在城乡之间、区域之间，而发展的非充分更多指向农村地区。在城乡公共服务存有差距的现实之下，优质公共服务资源仍在不断向城市集中，偏僻农村则益发薄弱，尤其是在当地大力推进整乡搬迁政策的当口。

在教育能显著改变命运的农村地区，但凡家庭经济条件稍好一些的家长，往往都更愿意在能力范围内，把孩子送到县城、市区、省城的学校接受更好的教育。尽管牛村的教育资源和办学条件在县乡范围内都已算较好，但与地级城市相比仍然有差距。如此一来，有学生的家庭便会开始权衡，大多数也最终会在动员之后答应搬迁。

> 我是 2016 年就搬过来的，有两个孩子，大的今年开学要五年级了，小的那个四年级。现在都是在这边读书。父亲、母亲（在这边）帮我带小孩，接送小孩上学。

> 我在老家有一个小小的砂石厂，维持一家人的生活费。砂石厂是 2011 年开的，有 3 个股东投了 250 万元左右，每个人投的都一样。现在一天大概能销出去 50 立方米，能得 2000 多块钱。因为我考虑的就是石山是整乡搬迁，人家搬，我就搬过来了。万一在这里混不下去的话，我就回去我老家了。先来试试看有什么收入、就业啊之类的，如果没有收入、混不下去的话，就只有回老家了。

> 虽然搬过来了，但是（我）平时都是在老家。今天是送小孩来上学。搬来了以后对我小孩好，主要就是对小孩上学，对他们也方便。搬迁还是主要对小孩有好处，让他们上学改变他们的命运。后面书读好了，可以在城里面生活。其他好处就没有了。（牛村搬迁户 LXW）

这些家庭之所以搬迁，最大一个动因是为了下一代能有更好的教育机会，未来能有更大的发展空间和更多的选择机会。但是，他们的搬迁往往不是举家搬迁，而是有选择性的。除了家里的大小学生之外，还需要有成年人作为监护者和照料者陪同搬迁。如果年轻父母在城里有发展机会，那就是年轻的两代人一同进城，老年人留守在农村老家；而如果年轻父母的发展机会在老家，或者在城里也不能兼顾学生的照顾时，那就只能是老一辈父母陪同进城帮忙照顾了。尽管这些老人对于搬迁进城心存抗拒，但他们更不愿真的因为自己而耽误了孙辈的学业机会；而一旦孙辈有了年轻父母或他人照顾时，或是适应后可以不需要成人照顾起居、陪读后，老人们马上就会离开城市回到村里住。"两头住"也是目前大部分已搬迁农户家庭的普遍居住状态。

小孩子在那边读书就住那里，我们两个老人在这边种地赚钱。我们年纪大的人在外面也找不到钱，我们也只能靠种地赚点钱来维持生活。就希望孩子能在外面读书有一个好的生活环境，以后自己有能力过更好的生活。所以这边的老房子不拆是最好的，至少我们还可以靠土地生活。如果一定要拆的话，我们可以在老房子那里搭个棚子。我们也是希望孩子有更好的生活，以后他们有孝心就赡养我们；如果不赡养我们，那我们就在老家这边种地维持生活。我们这个寨子只有四五家搬的，都担心在外面不能维持生活。他们习惯这边的生活，这边吃住都有。我是为了后代着想，以免后代以后埋怨我们。
（牛村村民 KSJ）

这一类型的搬迁户是所有搬迁对象中最具有普遍性的。不同于第一类主动拥抱者，他们尚无举家进城谋生的计划和成熟条件，内心也不太能接受彻底离开村庄老家，而且事实上也都是两边住、两头跑的家庭安排；只是考虑到下一代人能有更好的教育机会和发展条件，他们才愿意冒上家园被拆的风险；但同时，他们更有着"政府不会真的就拆了我们的房子的"这样一重权衡在内。

三　拒斥者："宁愿啃泥巴也不搬"

牛村还有一些农户，无论各级工作人员如何宣传、如何动员，他们都打定了主意坚决不搬迁。面对上级领导们声称的"消灭"贫困的石山之辞，他们则回以"宁愿啃泥巴也坚决不搬迁"。

R 组只有上一届组长和现在的组长报名（搬迁了），现在这个组长还是我们硬做工作他才签的，你喊他（自己主动）搬他肯定不搬的。其他人一个都没报名。这个寨子有个老把把（老太婆），我们去那里做她的工作，她对我说，我一大把年纪了，要死我都死在这个地方，我去（城里了）吃哪样嘛。领导给她说，你留在这里也什么都没有，只能啃泥巴。她就说，我宁愿啃泥巴也不

搬走，在这里啃泥巴我都有得啃，去那边连泥巴都没得
啃，随便哪里踩一脚都是别人的，不是你的。她怎么都
不同意去。（牛村村干部YSY）

这些人多半是老年人，他们很难想象自己去了城市里
要如何生存，"泥巴都没得啃"。他们也拒绝被宣传、被动
员，关上门或者去山里避而不见就是他们的抵制武器。

干部的工作白做，一天换一个人都拿不下，去了被
吼一顿就回来了。他们（村民）说搞别样可以，搬迁的
事不要谈。再去，他们直接躲起来不见我们。县里、镇
里的（干部过来）更是见不到人。R组几个老的，都情
愿老死在石旮旯里。就像以前搞计划生育，看干部去了，
都上坡去了，没人理你。（牛村村干部QJH）

我们寨子上四五十家已经得了钥匙，有5家已经住
了过来，还有五六家打死不来。村里做工作怎么都做不
通。（牛村村民WYS、搬迁户）

我们组一共有80多家，有10多家坚决不搬。有一
个老人坚决要在家种地养殖，就算年轻人搬出去了，他
也不会走。（牛村村民YCK）

除了这些老人之外，还有一些坚决不愿搬迁的年轻
人，他们是扶贫工作中另一块所谓的"最难啃的骨头"，

一般自身发展能力较弱、发展意愿不强。他们清楚地知道自己难以在城市立足，所以也坚决不搬迁。

> 我侄儿说杀了他也不来。我给他讲，你不搬还有你的儿子，（以后连）媳妇都找不到。他说，你倒好，可以找钱，我去那里吃什么。他人太老实，不灵活。不过不来也好，来这里了反倒给政府添麻烦。（牛村村民WYS、搬迁户）

在其他村民眼中，这些人到哪儿都是会给政府"添麻烦"的对象，不论是留在农村还是进了城里；进了城也还需要用到"社会政策兜底一批"再来实现脱贫，只是城里的政策兜底标准和成本会更高而已。

四 错配的政策对象与行动策略者

从2016年5月接到石山整乡搬迁通知起，当地政府各级工作队就开始在牛村等地大规模地做搬迁动员。但正如前文所述，除了极少数本身已有进城计划的农户外，牛村大部分农户的搬迁积极性一直以来并不高，牛村搬迁工作的推进速度在老石山乡的六个村中也是最慢的。

从牛村农户搬迁意愿来看（见表4-6），不论是出于自身发展考虑还是为了孩子读书等原因，在2016年5月统计到的484户中愿意搬迁的只有61户，仅占统计总户数的12.6%；此外，还有七八十户则因避而不谈故而未统计到，如果算上这些人，牛村不愿意搬迁的农户可能在90%左右或以上。其中，愿意搬迁的农户中只有不到1/3是贫困户（19户）。在这些人当中，有些人是已经处于脱贫边缘、能看到发展机会、也有一定发展能力的；有些是希望孩子能通过上好的学校而改变贫困命运的；还有个别则是产生福利依赖，抱着"反正不管在哪儿，政府总得管我"思想的。但无论是哪种原因，愿意搬迁的贫困户也是少数，全村140户贫困户中只有19户13.6%愿意搬。

到2017年8月，经过一年多的反复动员后，牛村同意搬迁且已领取安置房钥匙（同视为愿意搬迁）的人家增至167户，达到全村统计总户数的近三成；愿意搬迁的贫困户也有所增长，升至贫困户总户数的近1/4，尤其是T组，70%以上的贫困户都同意搬迁进城了，这是一个较大突破。

表4-6　2016~2017年牛村农户搬迁情况统计

单位：户

项目		2016年				2017年			
		总户数	贫困户数	愿意搬迁户数		总户数	贫困户数	已搬迁户数	
				总户数	贫困户数			总户数	贫困户数
黑苗	M组	30	11	3	1	31	11	3	2
	S组	37	3	1	0	24	3	2	0
	G组	40	18	1	1	54	18	15	5
	R组	18	8	3	0	19	8	0	0
红苗	Y组	39	11	8	2	52	11	8	0
苗	D1组	35	9	9	3	41	9	11	2
	D2组	36	11	3	1	57	11	10	5
汉	B1组	40	13	2	1	32	13	5	1
	B2组	41	19	2	1	45	19	7	2
	N组	44	7	13	2	51	7	26	3
	T组	46	11	7	0	62	11	42	8
杂	Z组	78	19	9	4	98	19	38	6
合计		484	140	61	19	566	140	167	34

但是，细察 167 户人家的结构可以发现，愿意搬迁的农户中贫困户的占比在下降，从 2016 年的 31.1% 减少到 2017 年的 20.4%。12 个村民小组中，R 组前前后后一直没有贫困户愿意搬迁；S 组、Y 组的 3 户意向搬迁贫困户到 2017 年实际均未签署搬迁协议或领取钥匙；B1 组一年间没有新增的愿意搬迁贫困户；D1 组一开始愿意搬迁的 3 户到 2017 年不增反而减少了 1 户。也就是说，牛村一年多来增加的愿意搬迁户以非贫困户为主。整乡政策刚启动时，牛村非贫困户中愿意搬迁的仅有 12.2%；一年的政策宣传和动员下来则大幅升至 31.2%，更是占到已搬迁农户的 79.6%。

再结合族群来看，在 2017 年全村 167 户 29.5% 的搬迁户中，7 个苗族村寨共 49 户（29.3%），4 个汉族村寨共 80 户（47.9%），此外还有苗汉聚居村寨的 38 户（22.8%）。进一步看，7 个苗族村寨共 278 户中，愿意搬迁的人家仅占 17.6%，愿意搬迁的贫困户仅为 5%，搬迁户中贫困户为 28.6%，其中 R 组无人搬迁，S 组、Y 组无贫困户搬迁；而 4 个汉族村寨共 190 户中，愿意搬迁的人家则占到 42.1%，但愿意搬迁的贫困户却仅为 7.4%，搬迁户中贫困户仅占 17.5%。整体而言，汉族非贫困户是牛村搬迁户中最大的类型。

易地扶贫搬迁的政策出发点是通过改善生存和发展环境帮助贫困人口脱贫，但在牛村整体推进的易地扶贫搬迁下，最大的政策受益主体却更多是大量的同步搬迁非贫困人口。如此一来，实际搬迁对象与政策搬迁对象之间出现了明显错位，牛村整体易地扶贫搬迁的收效距离政策设计已相去甚远。

我们组之前有 11 户搬过来的，没有一家是贫困户。那些人（贫困户）不会搬，他们就说，来这里他找不到吃的，来干什么？！他在老家都已经很困难了，怎么会来这里！石山整乡搬迁我觉得应该不会成功。因为搬过来、搬到这里，他们都不管不问了。有些他（村民）又不来，这样的话肯定搬不成的。石山永远都在，我们永远都是石山的。（牛村搬迁户 LXW）

第五章

整乡易地扶贫搬迁政策变通的
问题及相关讨论

通过易地扶贫搬迁脱贫一批，这是国家精准扶贫精准脱贫政策体系顶层设计中"五个一批"政策工具之一。搬迁只是手段，脱贫才是目标。

但是，在牛村村庄搬迁个案的研究中，我们发现，当地的"整乡跨区域"易地扶贫搬迁政策变通并未取得利益相关各方的政策共识，截至调研时先后已历时近两年，也未能按照地方政府的政策预期顺利推进。从作为政策关键执行者的村干部到作为政策对象的建档立卡贫困户和同步搬迁人口，都对整体搬迁政策决策自身及搬迁和安置方案存在一定的疑问和较大的意见分化，同时也对搬迁后续的保障与扶持机制表示疑虑和担心。从牛村搬迁工作实际推进情况来看，整乡跨区域搬迁政策在执行过程中也存在一些操作化上的问题。首先，自愿搬迁比例较低；其次，政策指标内搬迁对象和同步搬迁对象结构上显著倒置，这些明显触及国家易地扶贫搬迁工程的自愿原则和精准取向。同时，作为一项系统工程的易地扶贫搬迁，在地方的政策变通及其执行中却更多面临政策的非连续性、非协同性问题。

第一节　地方政策变通的异化问题 ①

由于政策链条的层级性以及地方行政的情境性，一项中央政策落到具体的地方实践场域中就可能会发生一定的政策变通和改写。在这种地方政策变通和改写中，有些会发展成为创新，有些却可能触网。石山整乡搬迁政策变通在实践逻辑上存在精准取向、价值基础以及合法性获得等方面的问题。

一　政策变通决策对精准取向的替代

有别于以往几十年，新时代以来尤其是"十三五"时期，中央新一轮易地扶贫搬迁工程更加坚持"精准"取

---

① 本节内容主要是在已发表期刊论文相关内容基础上修改而成。参见张文博《易地扶贫搬迁政策地方改写及其实践逻辑限度——以 Z 省 A 地州某石漠化地区整体搬迁为例》，《兰州大学学报》（社会科学版）2018 年第 5 期。

向，从贫困地区、贫困县、贫困村不断精准定位到经过扶贫开发建档立卡信息系统多轮识别并核实的建档立卡贫困户。

从搬迁对象的相关规定看，政府责任主体边界有所细化。"十二五"以前的易地扶贫搬迁规划将搬迁对象笼统规定为生态生存不具备条件等地区的农村贫困人口；而"十三五"规划相关内容则更具针对性，不仅在迁出区域的选择上增加"建档立卡贫困人口相对集中"一条，作为与生态生存条件必须同时满足的条件，而且对搬迁对象明确区分了"有系统身份"的建档立卡贫困人口（即政策指标内易地扶贫搬迁对象）和地方计划同步搬迁人口（含一般贫困人口和非贫困人口，指标外搬迁对象），相应的人口规模、比重、安置标准、投资比重及筹集渠道等方面也都有所区别，中央财政资金仅投向建档立卡贫困人口，省级投融资主体统筹安排资金①也主要投向建档立卡贫困人口；需要注意的是到2020年近1000万建档立卡贫困人口搬迁安置的实现，是"十三五"时期易地扶贫搬迁工程的首要和优先目标。

在同时满足"一方水土养不起一方人"地区、且经过扶贫开发建档立卡信息系统核实建档立卡贫困人口基础之上的易地扶贫搬迁，在相继的搬迁原则、搬迁方式、安置方式上都有相应的相对精确的比例安排。按照《全国"十三五"易地扶贫搬迁规划》，搬迁人口的安置主要采取

---

① 含地方政府债券资金、专项建设基金、低成本长期贷款等资金。

集中安置方式，具体包括五种安置形式，即：①中心村或交通条件较好的行政村就近集中安置，占39%；②在周边县、乡镇或行政村规划建设移民新村集中安置，占15%；③在县城、小城镇或工业园区附近建设安置区集中安置，占37%；④依托乡村旅游区安置，占5%；⑤其他集中安置方式，占4%。此外，搬迁安置的相应的建设任务，亦要求做到适度精准匹配。总之，所谓是"贵在精准，重在精准，成败之举在于精准"。

但是，以精准为取向的中央政策落入地方场域，却在不同环节遭遇了不同程度的变通执行，或是被选择性地部分执行。以黔州石山乡的整乡搬迁、跨区域城镇集中安置易地扶贫搬迁来看，明显存在政策决策变通上对于中央政策精准取向的替代——在搬迁对象上，参照整村、整寨搬迁的要求，贫困人口所占比例不应低于70%，随迁人口占比不超过30%；但牛村搬迁的实际情况却是，截至调研时为2∶8（20.4%，79.6%）；即使牛村全部农户完成搬迁，贫困户的占比也仅为28.4%，这一比例完全颠倒。在安置方式上，远距离向地级市新区大型移民安置社区的集中，更是将集中安置中5%的"其他集中安置方式"扩大到近乎100%。在搬迁结果上，搬得多、搬得快的主要是同步随迁人口，而且大部分还都是"两头跑"的状态，他们属于自身具备一定发展能力的群体，但却是目前牛村整体搬迁政策的最大惠及主体；而易地扶贫搬迁政策所应瞄准的那些所谓"硬骨头"贫困人口，则很难快速适应城镇化尤其是大城市的搬迁安置，相比之下也很少参与这样的扶贫搬迁。

在国家政策顶层设计中，易地扶贫搬迁的主要思路是在县域范围内、经济条件相对较好、发展机会上能兼顾城乡两头的中心区域来就近安置移民人口，同时，集中安置的方式上也提供了多种可能的选项。应该说，这是一个相当务实的思路，既符合当前"城乡中国"双向对流的城乡关系格局，也更能发挥县域在城乡融合发展中的重要节点作用。但是到贵州省，根据2017年2月发布的《贵州省易地扶贫搬迁工程实施规划（2016~2020年）》，2020年全省将完成39万余户、162.5万农村贫困人口的搬迁安置，这些人口将主要被集中安置在市州政府所在地或县城，地方政府在政策变通与选择性执行中，最初的政策意图和目标已经发生了明显偏离。而黔州的整乡搬迁、跨区域城镇化安置易地扶贫搬迁政策，即是在对"一方水土养不起一方人"的"精英主义"解释和自由裁量之下形成政策变通的一个典型，不仅有"运动式"搬迁之嫌，而且放大了问题，"大水漫灌式"的整体搬迁损及"精准"取向。

尽管在省、地级政府的官方话语中，这样做也有较为充分的理由，既有之前水库移民的成功经验支撑，又有本省人多地少、市州政府所在城市以及县城的经济要素集聚功能强、创业就业机会多、人口承载容量大等推拉因素；还有以前就地搬迁移民脱贫发展效果不好的反面教材，以此，认为只有搬到更有希望的大城市，才能让搬迁群众实现更好的发展。但是，在这样的政策决策改写与变通执行下，本来是要用城镇发展的成果来吸纳、反哺农村贫困人口的易地扶贫搬迁，却最终异化成了地方政府快速推动"数字指标城镇化"的工具。

二 政策变通决策对价值基础的轻视

易地扶贫搬迁不仅是空间再造，更是社会系统的再造。作为一项社会政策实践，易地扶贫搬迁自然有其价值取向，是一个聚集了价值观、政策目标、政策执行与评估的行动过程的统一体。[①] 在以区域发展和地方性利益目标取代精准取向的过程中，石山整乡搬迁计划也更多从社会政策实践向政治政策、经济政策实践转变，原有的政策价值基础遭到遮蔽，所谓的"改善的逻辑"和工具理性导向先验地排斥乡民原来的社会系统运行逻辑和生活价值，加剧了搬迁的阶段性对村民当下生活的阻断，进一步挤压和抑制了他们在搬迁意愿上的自主性和内生动力。

对照石山的整乡搬迁，其政策初衷是想要通过改易生存空间和发展环境来获得更好的生活环境和发展机会，从而一次性"啃掉硬骨头"，让他们彻底"挪出穷窝""拔除穷根"。但是，就目前的阶段性成效而言，让优势仍主要保留在农业领域的农户，尤其是其中的贫困农户脱离土地、脱离农业进入城市以求得更好的发展，在当下是不现实的，也是对农业人口优势资源的极大忽

---

① 叶青、苏海:《政策实践与资本重置：贵州易地扶贫搬迁的经验表达》,《中国农业大学学报》(社会科学版) 2016 年第 5 期。

视和浪费；同时，这些存在于扶贫"话语"中的农户，同时还是日常生活的实践者，他们的观念并非没有理性成分，也不是一朝一夕就能转变的，他们的生境、意义和生计方式、能力也不是通过改换一个地方就能瞬时换血升级的。换言之，他们的贫困之根并不单纯在于一方水土之上的经济水平，更多还在于观念、制度、文化、政策环境等诸多层面。

按照省级"十三五"易地扶贫搬迁实施规划，贵州计划用四年时间对"一方水土养不起一方人"的农村贫困人口实施易地扶贫搬迁，任务指标也将被分解为按年度、分阶段有序推进。但自石山提出整乡搬迁计划后，牛村此前尚在执行中的很多关乎民生的利好在地项目当即被叫停，直接影响到未搬迁村民的当下生活，也间接影响到大部分"两头住"或"两头跑"的搬迁家庭生活。在牛村578户2750人中，已经彻底搬离村庄、进入城镇生活的家庭是少数，目前选择不搬迁和绝大部分尚未完全搬离的家庭在生产生活上仍极大仰仗于村庄的资源和服务；而选择搬迁者对易地搬迁最大的理解和期待也在于，他们能够更为便利地获得更好的生活生产环境，更优质的教育、医疗资源和更有保障的各项基本公共服务。也即是，搬迁之后的各种保障才最为关键。但是，就目前而言，整乡搬迁政策的现实推进及其社会效应远非地方决策者想象和预期的那般顺利，政策的突变同时影响到村庄的"留守者"和"出走者"，相较之前，他们的生活质量和获得感、满意度在政策调适与过渡期反倒出现了下降。

对目前选择不搬迁的村庄留守者而言，如前所述，近些年的系列扶贫政策和惠农举措使得牛村的生活生产条件、生态和人居环境，以及多项资源和服务大为改观，村民也直接从中受益。村民自己讲，他们最为受益的首先是基础设施建设类项目，包括：通村路、通组路的硬化解决了交通问题，人和物产都能顺利出行了；公共水池和家庭小水窖的建设、增设解决了人畜饮水问题；分批次陆续推进的危房改造解决了住房安全问题。其次是退耕还林政策，在明显有利于生态恢复的同时，村民也获得了部分现金补贴款项。在整乡搬迁政策之前，牛村还有几项重大民生利好项目正在推进，包括：建了一半的教师公租房、已经打好地基的卫生院、待建的小学食堂、两个村组的通组油路和规划中的"户户通"，以及原计划扩建的村委会……这些项目的完成又将进一步改善牛村的多项资源配置和服务供给，但却在待完成之际被叫停，这给依旧生活在村里的民众带来了极大的影响，涉及出行、教育、医疗、公共事务等多个方面，很大程度上是对村民当下生活的阻断。

而对选择搬迁的村庄（半）出走者而言，从对安置地搬迁入住的原村民的走访情况来看，真正入住的家庭仍在少数，而且仅限于个别有"三就"（就学、就医、就业）需求的家庭成员，整个家庭的实际生活方式、生计方式在短期内难有较大改变，他们当下做不到也接受不了彻底割裂在迁出村庄的生活和生产劳作。尽管政策设计上的期待是迁出者在安置地的生产、生活一体，但这在短期内对大多数家庭而言并不现实。在这一场出离村庄过程中的过渡阶段，他们面临着"两头跑"带来的成本增加，也暂时性地遭遇了城市融入的问题和风险，同时连带经受了村庄建设和发展中止带来的负面影响。

在"扶贫搬迁对象"的话语标签下，地方整乡搬迁政策变通未能观照到当地人的生活系统和价值基础，后续相继提出的工作方案也使得政策执行进一步异化为对牛村村民此前和当下正常生活的侵蚀。

三　政策变通决策的合法性缺失

易地搬迁的前提是"一方水土养不起一方人"，而且需要遵循精准、自愿、分类施策、因地制宜等原则。但是，石山整乡搬迁计划在决策制定上明显存在对易地扶贫搬迁工程的前提与原则的超越，构成对政策决策在合理性、必要性和合法性等方面的挑战。

（一）决策合理性的挑战

贵州省级规划中对搬迁对象同时提出了迁出区域条件和搬迁家庭个体条件，要求在充分考虑居住地各种限制条件和不利因素的基础上，搬迁对象的家庭还需同时存在住房条件、劳动能力等方面的致贫可能（零散搬迁）或符合"双50"的条件（自然村寨整体搬迁）。对照此要求，以牛村各组的贫困户占比来看（见表5-1），尚不能完全达到个别村组或自然村寨整体搬迁的要求，更遑论整村搬迁的条件。

表5-1　牛村12村民小组贫困户数及类型

单位：户，%

项目	总户数	贫困户数	贫困户占比	分类型贫困户数				
				低保户	低保贫困户	一般贫困户	五保户	一般农户
M组	33	15	45.45	7	5	1	1	1
S组	25	4	16.00	4				
G组	54	19	35.19	10	4	2		3
R组	19	8	42.11	5	2			1
Y组	52	11	21.15	6	3		1	1
D1组	42	10	23.81	4	5		1	
D2组	58	13	22.41	6	6			1
B1组	34	15	44.12	8	5		1	1
B2组	46	21	45.65	13	6			2
N组	52	10	19.23	8	1		1	
T组	64	13	20.31	6	5		1	1
Z组	99	25	25.25	14	10		1	
合计	578	164	28.37	91	52	3	7	11

事实上，在2016年开展精准识别"回头看"工作后，万县建档立卡贫困人口出现骤减，符合"双50"整体搬迁政策要求的自然村寨数量更是从"十三五"规划的118个陡降至7个。相应地，牛村符合搬迁要求的政策指标内搬迁对象也出现显著减少，12个村组的20个自然村寨中仅有极个别符合整体搬迁政策要求。那么，以牛村为核心地带的石山等乡镇的整乡搬迁又从何谈起？石山整乡搬迁之决策的科学性、合理性应如何看待？"应搬尽搬"的"应搬"该如何理解，又该由谁裁定？

在调研中调研团队注意到，尽管村镇干部和村民对待"搬不搬"出现一定的意见分化，但绝大部分人对于强制推进的整乡搬迁表示反对，对搬迁后续一年内拆除旧房的规定更是坚决抵制。村镇干部表示动员工作很难做，"政策解释不通啊。说的是要群众自愿，但你一说拆房人家都不干啊，没人愿意搬。这边工作又一层一层往下压，签了军令状的那都是，必须动员到他同意搬"。村民也不能接受整乡搬迁的政策，"一边说不愿意拆（除旧屋）的就不纳入搬迁对象，一边又说我们全部都要搬，政策到底要哪样？反正要拆我们房子我们肯定不干"，认为强制推进的整乡搬迁政策"很没道理"。在牛村，从执行主体到政策对象都对整体搬迁政策表现出拒斥，与地州的政策制定者在这一决策上难以产生共识。

（二）决策必要性的挑战

从政策制定来看，整乡搬迁的决策似乎缺乏合理性基础。那么，整乡搬迁是否有必要？是否为精准扶贫政策工具包的唯一选择，或最佳选择、或首要选择？

易地扶贫搬迁工程为的是根本解决"一方水土养不起一方人"地区贫困人口的脱贫问题。那么，石山乡或者牛村是否在当下依旧确属于这种情况呢？从田野调查和地方一些领导干部的认识来看，事实均已非如此，"很多在我们数字上、系统里还很差的地方，实际情况并不是"。信息更新的滞后、量化指标的固化影响了形势研判和政策决策。这样一来，整体启动易地搬迁的前提条件已经发生明显变化。牛村正是这样。

过去几年，牛村在改善生存、生产条件和扶贫上取得了重大成效，特别是石山镇于2014年启动"四项行动"方案以来，牛村的交通、用水、住房等方面均已再次获得改善。截至调研时，牛村的交通优势明显，是全县第一个通油路的村庄，目前通村路和通组路已基本完成水泥硬化，仅余1个村组（R组）尚有一段2.5公里的毛石路未进行水泥路面硬化；两轮小水窖工程的实施改善了农户的生活用水和生产灌溉问题，户均达到2.5口水窖，在全省都处于较高水平；整乡推进的危房改造项目扶持全村农户改善住房条件，而且，近几年外出务工的收入也让牛村绝大部分家庭新建了两三层的大房子，有些家庭因添丁分户等还有多处房屋。此外，教育方面，牛村2015年新建村小，有近500名学生，不仅满足了本村学生就学，还向90%的学生提供住宿，学生范围覆盖到周边3个外乡镇和2个外县。在医疗方面，牛村的卫生室作为镇政府实施项目2015年已经开工，至2016年整乡搬迁之前已经完成地基处理。这些都是牛村这方水土上真真切切已经或正在发生的变化。

根据相关统计信息（见表5-2），在新一轮易地扶贫搬迁政策到来之前，牛村已有部分建档立卡户在2014~2015年陆续脱贫，占到全村建档立卡户的36.59%；其中，近八成（76.67%）的脱贫户都没有易地搬迁的意愿。2016年当年，建档立卡户中新增43户脱贫户，在迅猛推进整体搬迁工作的高压下，却仍有高达逾六成（60.47%）的脱贫户不愿易地搬迁。截至 2016 年底, 牛村 164 户建档立卡贫困户中已有超过六成 (103 户占 62.8%) 实现脱贫, 脱贫户中近七成 (69.9%) 并无搬迁意向, 这也侧面说明初步脱贫的政策指标内搬迁对象对于自身当下的生活状态和发展成效有较高的接受度和满意度, 认为暂无搬迁的必要。受访农户自己讲,"过去几年是幸福感最高的……各项惠农政策带来的变化, 对我们生活的影响非常大, 越来越好, 看到希望啦"。

表 5-2 2014~2016 年牛村建档立卡贫困户脱贫情况及易地搬迁意向统计

单位: 户, %

项目	2014 年	2015 年	2016 年	合计	脱贫占比
脱贫总户数	26	34	43	103	62.8
生态移民搬迁	1	1	5	7	6.8
二次易地扶贫搬迁	1*	0	1***		
易地扶贫搬迁	7	5	13****	25****	24.3****
已入住	5	5**	11	21	20.4
领钥匙未入住	1	0	1		
未领钥匙	1	0	1		
非搬迁户	18	28	26	72	69.9

注: * 意向二次搬迁, 签署跨区易地搬迁协议, 但因享受生态移民政策 (后期政策调整的限制内容) 未领钥匙, 未计入当年易地扶贫搬迁户数; ** 其中 1 户为县城安置; *** 已领取安置补贴入住, 同时计入当年易地扶贫搬迁户数; **** 实际与当年生态移民搬迁户数重复计算 1 户, 后项合计数与脱贫占比均按有 1 户重复计算; 易地搬迁 (含二次) 的意向统计信息提取于 2017 年 8 月 22 日。

另外, 自 2013 年以来, 牛村借助省里的生态移民搬迁工程项目规划, 计划依托历史集贸市场的优势, 向建设生态移民小镇的方向发展。目前, 牛村的移民点已建设并完成县级综合验收生态移民安置房 135 户, 主要面向石山全乡，涉及牛村的村民共 56 户；牛村也建起了市场；正在建设（镇）卫生院、教师公租房，还将规划建设广场、花园等，比起"两不愁、三保障"的脱贫目标，更为高远的山地特色生态移民小城镇发展格局已初具雏形。在此情况下，牛村从干部到群众确实难以理解整体搬迁，尤其是跨区域搬迁的必要性。但从目前搬迁推进情况来看，牛村生态移民二次参与易地扶贫搬迁（15 户、占 26.79%）已经造成了事实上的安置浪费；而如果彻底推进整乡搬迁计划，那么，牛村新建成的全部 135 户生态移民安置房也将被弃置，这无疑又是更大的浪费。

（三）决策过程合法性的挑战

对于整乡搬迁，牛村上下最大的质疑在于"政策没道理，但更没处讲道理"。一方面，全省"十三五"易地扶贫搬迁实施规划明确规定了一套工作程序用于搬迁对象的识别登记，同时，对于已确定搬迁对象因意愿变化或其他原因不再符合搬迁条件的，按照"退一补一"原则动态管理，补充搬迁对象按照前述工作程序重新落实。但整乡搬迁的提出，直接使得一套工作程序被弃置，基层政策执行主体的工作权责和能动性被架空，群众意愿被无视，精准、自愿、公开等原则被挑战。另一方面，针对整乡搬迁这一决议内容的提出，基层各级政策执行主体均表达了对其合法依据的隐忧。

城里来的大领导看我们这里，条件那肯定是很差的……问能不能搬一部分人出去。当时镇领导表态，可以搬一部分到县城。后来（地州领导）再来的时候，不知从哪里看到数据说全乡9000多人有4000多人报名搬去县城，就说这么多人报名，不如整乡搬迁，那大概是2016年3月，后来再开现场会，来的人主要都是本身条件就比较好又有搬迁意愿的，可能就给领导造成一个大家都想搬、积极性很高的印象吧。（牛村某干部S）

"整乡搬迁"的想法如何成为决议内容，又如何进一步演化成"整乡跨区域搬迁"，目前尚不能得到完全确认。但"报名人多就全部搬迁"是存在决策失察的，至少是缺乏全面、充分考虑的。石山乡"十三五"规划内易地扶贫搬迁对象共2119户9670人，其中，建档立卡贫困户1023户4447人；政策指标外同步搬迁人口1096户5223人。规划搬迁对象构成中的同步搬迁比例（54%）已高于全国平均水平；2016年精准识别"回头看"之后，符合条件的规划内搬迁对象人口进一步缩减，整乡搬迁、同步搬迁比例也进一步上升。"4000多人报名搬去县城"的群体究竟是怎样的构成？而另一多半不想搬的人又是怎么想的？这里本就存在精准取向上的政策张力，需要更加谨慎研判，综合生态生存条件、环境承载力、生态恢复工作等因素周密取证、科学论定，再行决策并识别搬迁区域、对象和方式等，但是，中间层级政府的最终决策似乎并未虑及这些方面，过程中的不透明、官方文件的不公开更是构成对决策合法性的挑战。

因此，尽管作为政策执行主体，村干部、驻村帮扶"五人小组"、第一书记等都不得不按照各自上级要求，一级一级地组织工作队伍，做村民的动员工作。但在这一逐级推进的政策执行链条中，县、乡镇和村干部始终心怀疑虑。他们表示，始终未直接看到上级的"红头文件"，相关指令主要是通过会议或电话下达。在中国语境下和官僚组织机制与动力学中，对于作为施政主体的各级政府而言，"红头文件"代表一种官方公开认可与背书，是下级官员施政执政的"合法依据"。缺乏文件依据，各方执行主体自然普遍存在"名不正"的隐忧，特别是在签署了"军令状"的情况下。"到时候追起责任怎么办？谁来负责？谁能说得清、摘得清？"调研期间，从村到乡镇再到县，相关干部均在不同场合纷纷提出这一问题。此外，政策文件的缺失，对于原本在政策落实上就可能存在能力不足的基层干部和工作人员而言，更是增加了政策理解和执行的难度。尽管镇级出台了相关行动方案，但制定方案的人和具体执行方案的人，从领导干部到具体工作人员，也都不能完全理解这项行动的意义，从而致使政策被多重解读和重构，增加了政策的复杂性。

整乡搬迁政策变通在实践逻辑上存在诸多限度，妨害到易地扶贫搬迁政策的精准取向，无视于乡民的生活价值与社会秩序基础，给牛村村民的生活生产、获得感和幸福感乃至村庄团结都带来了较大影响；而严重的浪费也不仅损及农户资产和权益，更带来对政府资金安全、执政效力和公信力的影响，造成政策执行的多重亏损。

第二节　地方扶贫政策的历时非连续

好的地方发展往往具备一个关键特质，即发展的接续性，"一任为一任打基础、一任接一任加油干"。发展政策同样要求有历时性上的延续性。在石山地区，扶贫政策在此前数十年能取得巨大阶段性成效的一大原因即在于这种连续性；但在过去几年，却出现了地方发展规划和政策工具选择上的断裂；同时，易地扶贫搬迁政策的执行过程中也在不同批次上存在政策的非连续。

一　发展规划缺乏连续性

如前所述，在上一个五年发展阶段，石山乡已经有了省级领导就其扶贫重点和发展方向做出的系统规划；过去几年中，不少项目也已陆续得到实施，包括路、水、市场、教育、医疗等诸多方面。这些全方位的巨大改善也都让当地的老百姓看到，政府的惠农扶持越来越给力，项目收效越来越好，村庄变化也越来越大，新的希望就在眼前。对此，他们充满感激也积极拥抱。

2016 年年中，石山确定启动实施整乡搬迁。为了更好地推动搬迁动员工作，在接到上级这一政策调整通知后，万县决定对石山乡此前仍在进行中的其他政策暂时叫停，此后的新项目也不再考虑石山乡。石山在地化发展被按下了暂停键。

省长来，说的是要把我们这里打造成一个小城镇，把移民房、医院、小学、公租房、道路、广场、市场的土地都划好了的，（还有）老年活动场所。大家都高兴得很。后来书记来了搞整乡搬迁。现在好了，连买药都没去处了。

牛村以前的村医去（镇）卫生院当副院长了。现在村里的那个医生是巴村的，政府给1000块钱一个月安排的，他怎么可能给你认真（看病）。整个石山乡其他村都没有卫生室，只有牛村才有。原来公社（时牛村）就有卫生室。但是后来卫生室的房子不能用了，说要重新修医院，现在就摆在那里了，连个看病的地方都没有，政府就临时安排了一处场地给他（村医）。他那里的药少，又贵，不会看病、不会打针……就算这样，周围的几个村都来找他看病，因为没有地方看啊。

还有学校，现在只有石山（乡）小学和牛村小学了。整个石山镇13个村，只有5所学校。隔壁镇靠近牛村这一片都没学校，所以周围七八个村（的学生都）来牛村（小学）上学。如果整乡搬迁，牛村小学也会被撤掉。（牛村村干部YSY）

整乡易地扶贫搬迁政策是对过去扶贫政策和发展成效的全盘否定和彻底中断。这种明显的政策"断崖"主要造成了三方面的后果：一是资源的巨大浪费；二是政府公信力的下降；三是村民当下生活和未来发展的断裂。

一方面，作为曾经的连片特困重点区域，以石山乡为核心腹地的石漠化地区在多个部门持续多年来的大量项目投入、资金扶持和政策倾斜下，已经在生态环境、生产生活条件、基础设施改造、基本公共服务资源配置等方面发生了翻天覆地的变化，尤其是自 2011 年以来至整乡搬迁提出之前，以牛村为中心的石山全乡陆续实施了一些大的投资项目，有些已经完工，有些即将完成，在这种情况下提出并推进整乡跨区域易地搬迁，无疑造成了惊人的浪费。

在牛村，有两个大投入的项目因此变成了烂尾工程。一个是牛村小学的教师公租房（见图 5-1），五层楼的整体框架结构已经完成，正在进行封顶之际因政策变化施工被叫停、后续资金中断而不得不停下，日晒雨淋后逐渐损坏。另一个是医院。按此前规划将在牛村建设全县最好的乡镇医院，为此，前期施工已将一座小山头削平，修建了牢固的堡坎和地基，光这些基础工程就已花费了 50 余万元；可现在却空余一个被废弃的工地。仅是这两项烂尾工程，就浪费了 300 多万元资金投入。但这些跟过去的整体投入相比，仅仅是九牛一毛。

另一方面，即便村民接受整乡搬迁，政策的落实也有一个过程，需要留出一定的执行时间，不可能在朝夕之间集中完成，做到整齐划一的搬迁。对基层的政策执行者而言，应对突然下达的大规模搬迁指令和任务，相应的搬迁工作定然需要做出周密部署，分期分批、有序推进。对突然获知要整

图 5-1　整乡搬迁政策后牛村被叫停的公租房烂尾楼

体搬迁的牛村百姓而言，政策宣传中所谓的彻底"拔除穷根"在他们看来却是"断绝后路"，尤其是绝大部分难在城市立足的老年人和发展基础薄弱者，他们对于远距离的跨区域搬迁始终心存抵触，也对动员时宣传的搬迁进城后有低保做兜底的许诺表示质疑。"政府就像家长一样，家大业大，怎么可能样样都顾得过来？"他们的逻辑虽然简单，却不无道理。

　　在整乡搬迁迅猛推进的过程中，村民在当地的生活却还是要一天天继续过。只是，相关建设被叫停严重影响了他们的生活期待。在牛村，医疗卫生的基本保障最是缺乏也最为迫切，但就在眼前的牛村医院却突然变得遥遥无期了；R组还在等待通组路的硬化施工；牛村村委的办公场所现在也被临时安排在当初镇政府为打造牛村小集镇而修建的一栋楼房里；而眼看就要完工的教师集宿楼，更是只能飘零风雨中任其破败了。

　　在我们的访谈中，很多人表示，搬迁更多的是为了给下一代创造更好的生活学习条件，哪怕就是接受了搬迁，"两头跑"也将是一种新的常态，大部分人短期内还是会主要生活在村里，特别是那些实在搬不走的人，他们更大可能是在原地逐渐老化、自然淘汰。因此，在他们看来，无论人如何搬迁，牛村始终都会在，村庄里也始终都会有一些人继续在此生活下去。但是，如今的政策断崖却截然地切断了这些村庄生活者的当下生活和发展希望，将那些或短期、或长期的留守者重新置于新的风险之下和绝境之中。

整乡搬迁政策的不切实际、巨大浪费以及对村民生活与希望的阻断，都严重损及村民对政府的信任。对此，基层政府的领导干部也已有清醒的认识。但是，在"整乡搬迁"政策规定的明确的时限和指标之下，目标完成虽不可能，基层动员工作却仍需推进，村民的抵触情绪也更加激化。

二　政策执行缺乏连续性

石山整乡跨区域易地扶贫搬迁从提出到实施的时间极紧、任务极重，既缺乏动议上的群众基础，也未做深入细致的调研，以致政策执行中矛盾重重，尤其是在搬迁对象资格等问题上没有明确的、统一的行动方案，后续也在不断挑战基层干部的政策理解能力、工作方式和担责问责。

尽管在中央和省级搬迁政策中，搬迁对象以建档立卡贫困户为主，且整村、整寨搬迁需满足贫困人口不低于70%、同步搬迁非贫困人口不超过30%或是符合"双50"，但石山整乡搬迁又不一样了。如前所述，整乡搬迁存在对精准取向的替代，以牛村为例，严格意义上看除个别自然寨以外并没有符合整体搬迁的村寨。地方整乡搬迁目标和上级整体搬迁规定之间存在明显错位。怎么搬？就要靠地方各级自己探索。

于是，为了快速实现整乡搬迁目标，在一系列集中下达的指令之下，搬迁动员干部首先考虑的是，如何尽快让人们搬出去，哪怕只是一部分人。至于搬出去的人是否符合上级整体搬迁的政策对象规定，基层干部没办法去考虑，否则整乡搬迁工作就将彻底无法推进。2016年5月，石山整乡搬迁工作开始启动入户动员。县级和镇级的初步方案是，只要有愿意搬迁的一律通过，不区分是否为建档立卡贫困户、是否属于其他类型移民户，也不论户口性质，都能获得安置房源。

> 石山第一批动员（时）没有明确这些东西，只要（想）搬迁的就来，里面有教师、国家工作人员、干部等，都居住在此。第一批搬迁的就得了（房子），但是后面搬迁的第二批、第三批就严格地控制。我去石山的时候给他们说，要想搬迁的就赶紧（趁）第一批搬迁过去，后面政策是越来越紧。（万县某领导H）

在搬迁的过程中也会出现一些问题。第一，原来的财政供养人员这一块列入了搬迁对象，而且大都已经搬了。第二，原来的生态移民户已经享受过一次移民搬迁政策了，但也有一部分在整乡搬迁初期参与了搬迁。产生这些问题的原因是什么呢？去年（2016 年）11 月1 日之前，州里面喊一定要搬迁入住，（要）给省里面表一个态，我们已经做到什么程度……当时审核的乡镇由于没有接到相关的文件和要求，也没有什么会议要求，（规定）哪几类人员不能搬迁、哪几类人员可以搬迁。原来是笼统的整乡搬迁，谁都可以。只要报名，都给你们审核通过……但是（在）当时特定的条件下，由于没有政策，谁也没有告知我们什么人不可以搬、要具备哪种条件才可以搬迁，也没有什么说明。当时就说整乡搬迁，你们只要报上来，都可以通过，全部参与选房。在这个过程当中，就会出现一些问题。（石山镇某领导 M）

由于自上而下的整乡搬迁政策在解读和执行上完全依靠基层自己摸索，基层干部和工作人员只能将"搬谁"理解为全体乡民，并对最容易动员的对象先行组织搬迁。一类是曾经或已经进入城镇工作生活的农户或其家庭成员，其中以广义的公职人员居多；另一类是曾经历过搬迁、想要搬去更好条件地方的移民。在政策执行初期，也即从2016 年 5 月到 11 月的半年期间，他们构成了搬迁人口的主体。

此后，从基层到省级，各级政府干部和工作人员都已注意到搬迁人口结构的明显失衡，即搬迁了大量的非政策对象人口，申报搬迁的农户在资格审核上开始从严，整乡搬迁政策事实上已经开始有所收缩。到2017年8月，省级层面针对易地扶贫搬迁的若干细节出台进一步文件，在搬迁对象上，规定已经享受过扶贫生态移民政策或者易地搬迁政策的农户、已经在原居住地外购买或者修建住房的农户、同步搬迁家庭中有在政府、事业单位或者国有企业工作的人员的农户，都不能再享受易地扶贫搬迁政策。至此，"搬谁"的问题有了新的答案。

但是，这一新规定却给石山整乡搬迁行动中涉及的州、县、镇、村四级干部带来了新的工作困扰和问责忧虑，也直接影响到新丧失搬迁对象资格、实际却已经搬迁的农户，以及已排入搬迁名单的农户的生活安排。

当初什么都没有说，但是现在（已经）搬迁了，又不符合政策。审计部门拿到这个事情，要处理干部。前几天只是针对一户人家（做了处理），因为工作不细致。不细致的原因是，当时太匆忙，他家重复享受政策。他家的姑娘嫁出去以后，在现在的那一家（已经）享受了，在娘家这边也享受到这个政策。我们见面谈话，这算是比较清楚的。下一步，可能审计部门审计出来的问题，要追究一些领导和干部的责任。就是上次说（2016年）11月1号之前入住出现的问题。后面的审核都比较严格，不会出现以前那种问题。如果那个事情不能区分开对待的话，对干部的打击比较大。就目前的情况来说，我们领导包括相关工作人员可能要受到处分。

（石山镇某领导 M ）

新的政策规定之下，已经搬出去的家庭就面临退房或是补交房款的问题，但没有人愿意补钱。"一开始宣传可以享受政策，现在搬了又说不能享受政策，政策变来变去，还让我们补钱，那我们的损失谁来算？"而如果是退房，那么，入住之后的装修花费又要怎么算、怎么补偿、谁来补偿，这些都是问题。已经签署搬迁协议但还在排队中的农户也"白白折腾一场"。在牛村，已经完成搬迁或是签署搬迁协议的农户中，省府 2017 年新文件中规定的不能享受易地扶贫政策的三种类型都不在少数。

而这一政策调整，也更加让其他村民产生疑虑。一方面，他们对于政策可能会再起变化的担心更盛；另一方面，村庄"能人"不搬，其他普通农户或贫困农户更不愿意搬。政策限定的三类人中的一大主体都是村民口中"拿财政工资的"，他们恰恰也是村庄里最有文化和威望的人，正如牛村两个苗族村寨的寨老，他们都是各自寨子里的第一个初中生。这些人有文化、有能力、有威望，他们都不搬，其他农户就更加不会轻易搬了。

除了新政策明确限定的"三不搬"人群外，石山整乡易地扶贫搬迁中还有一个明显的结构性矛盾，就是"倒置的贫富比"。基层在政策执行的实际操作过程中，最容易动员并且最先落实搬迁的大都是基础条件较好且有一定发展能力的富裕户，但这就跟中央和省级搬迁政策规定的贫困户、随迁户比例发生了冲突。石山全乡已经搬迁的农户中，70%都是随迁的非贫困户。

在搬迁方面我还有个想法。要是合政策，理解上应该是先搬穷的。但是先搬穷的这部分人，本身这部分人适应社会的能力和生存的能力等方面相对来说都比较弱。如果把这部分人先搬迁了，社会问题和管理（问题）会显得更加突出。如果条件好的先搬迁，先富带后富，带动这些人搬迁，带动他们就业，提供一些就业和生存的机会。在这块上可能会减少社会动荡，在管理上减少一些难度，在操作上就容易操作一些。

条件好的人在思想认识上要比较宽阔一些，比这些发展动力不足的人就要好得太多。他们的生存你就不用管得太多，既能够带动其他人的就业，也带动其他人来安置。现在就说的是先搬富裕的，穷的没有搬迁。这个应该按照先富带后富，就是邓小平提出的那个思路，按照那个思路才对。

包括我们的整乡搬迁，（2017年省府）文件没有说整乡搬迁，只是说整村整寨的搬迁，能够搬迁到70%就行。这个政策对我们这边来说就比较合适。然后我就跟县里面的领导提出，我们也是不是按照70%来做。我们测算过，鳏寡孤独、老弱病残、智力低下以及思想上有各种想法的，这部分人确实搬不成了，在搬迁上是有问题的。这个政策能不能适应我们这里？留一部分人下来是有好处的。（石山镇某领导M）

搬穷，还是搬富？这也成了石山整乡易地扶贫搬迁中的一个悖论性的选择：以扶贫为目的的搬迁，政策的出发点是要把贫困户搬出去，帮助改善其生存生产条件。但实际上，在已经摆脱基本生存问题甚至看到发展希望的地方，在个体优势仍系于土地、系于农业的人那里，在以当下而言生活相对贫困的人那里，搬迁并不是一件易事，尤其是跨区域城镇安置还可能面临新的"致贫返贫"风险，他们很难轻易接受搬迁；而最容易接受搬迁的，却是那些已经发展起来、已经想要搬离的相对富裕者。在这种被动和主动之间，政策初衷便很难不在政策执行中踩空。

第三节　易地扶贫搬迁政策的共时非协同

正如中央政策所强调，易地扶贫搬迁是一项异常复杂的政策和系统社会工程，作为新移民的贫困户和随迁户同时面临生产、生活系统的割裂与重建，这就不仅是只要有房子住就能解决全部问题的，它对相关政策在跨时间（不同发展阶段）、跨空间（城乡二元社会）、跨部门的协同性上提出了较高的可持续性发展要求。但在黔州石山的整乡搬迁中，限于时间和前期搬迁工作的简单化，原住地和迁入地的政策衔接明显缺乏系统性和协调性，这也给已搬迁农户的实际生活、尚未搬迁农户的选择以及基层干部的搬迁工作等诸多方面带来了困扰。

一 易地而居：公共管理服务不匹配

新市的移民安置区主要设在兴隆新区。该新区是在整合新市和周边两县 10 镇的基础上成立的。到启动建设易地搬迁移民安置点时，兴隆新区从行政批复程序到规划建设、公共服务配置等尚未完全理顺，仍由原行政单位各自负责。因此，整乡搬迁不仅面临迁出地的动员难问题，同时还面临迁入地的安置难问题。

在易地扶贫搬迁工程的快速推进中，城镇安置社区在优先序问题上短期内倾向于重建设而轻服务，这使得各项资源配置和服务供给难以达到同步适配，其中最为突出的就是行政管理编制和公共服务资源问题。

（一）行政管理服务不足

2016 年，兴隆新区接收了数万名搬迁安置人口，其中仅万县一县的搬迁人数就高达 16779 人；2017 年，新区接收搬迁人口 2 万人；2018 年，按计划新区还将接收 2 万多新迁入移民。短时间、大规模、集中接收跨区域远距离的迁入人口，要求迁入地具备足够的承接能力，要匹配相应的服务管理机构作为对接，同时聚集大量的工作人员做好服务保障。

但是，从兴隆新区到下面的安置社区各机构编制很少，尤其是在精简编制行政改革下，都只能先从原址属地政府或是涉及搬迁的各县、乡镇抽调人员组成协调机构提供相关管理服务，如万县迁入人口所在小区的管理工作即是由社区所在地的两个原镇政府来负责，再如综治和警力方面，尽管州级要求至少要保证每1万人有2名以上正式警力，但实际上远远达不到这一标准。

行政编制和管理服务问题又直接或间接地影响到其他公共资源的配置和服务的供给，最明显的就是迁入地教育和医疗资源的短期不足，而这恰恰是搬迁动员时最具吸引力的两张牌。

（二）教育资源不同步

新市的教育资源确实优于县乡，搬迁过来的家庭70%~80%都将孩子送到这里来上学。但在人口大规模集中迁入之后，迁入地的教育资源明显变得短缺，出现了严重的供需不匹配。

> （现在）兴隆新区最大的压力就是就学问题。就学不像就业，可以有一定的时间从各种渠道来疏散，一开学孩子马上就要入学读书。今年3月份的时候进来500多名学生，9月份将进入1000名小学生。对于这部分学生来说，存在的问题一是教室，二是老师，这给兴隆新区带来了很大的压力。今年2万人搬迁过来的话，（就学）压力就会更大。我给领导汇报，要把学校的建设与安置房的建设同步，甚至要提前建设，否则群众入住之

后孩子就学是个大问题。（万县某领导 H）

相比用地审批、设施建设、教育经费等问题，教师的问题很难在短期内得到解决。这给新市教育系统带来了很大的压力。

教师上存在的困难主要就是编制的问题。春季的时候，易地扶贫搬迁已经搬入 532 人，9 月份随迁子女预计入学达到 1911 人。目前我们的师资队伍编制已经不足，按照比例来算的话，还缺中、小学等各级老师 300 人，目前我们的教师缺口很大。

易地搬迁子女搬过来之后，教育局采取了就近安置的原则，先公（办）后民（办），将搬迁户所有子女就近（安排）到公办学校去读书；但由于师资和硬件的不足，部分子女就要去民办学校就读。去民办学校就读的收费标准是按照公办学校的费用标准来收取，教育局将学生的生均公益经费和寄宿生的生活补助按照公办学校的标准落实到民办学校。（新市教育局某领导 H）

一方面是迁入地教师资源的相对紧缺，另一方面迁出地则因生源的流失而可能出现师资力量的相对富余。当地易地搬迁指挥部有关负责人提出，如果将迁出地的师资调入迁入地，两相互济，则可大大缓解安置区师资力量的不足；搬迁初期教师的迁入也是放开的。但是，在"三不搬"之后，教师不能纳入同步搬迁对象，所以无法迁入新市补充师资，即便有个别教师家庭在整乡搬迁政策初期无明确的搬迁对象限制时已经随迁过来，他们的人事关系依然在原地；而新区又因编制问题，无法通过调入的方式补充本地师资。

在无法直接进行人事调动的情况下，就有了所谓的"借师入区"，即先采取借调的方式，从各搬迁县份抽调一批师资过来支援新区的教学。这就出现了吊诡的一幕：移民冲着优质教育搬到城里，城里却又要从各个县区乡镇借老师；在县乡村里能进公办学校，到城里却可能被分流去民办学校。截至调研时，这一部分的师资约为 30 人，相比新区 300 人的教师缺口仍有较大距离；被安排在民办学校的随迁学生，由教育部门将相关经费划转至所在学校，而这也只是权宜之计，难以长期维持。而在另一端的迁出地，师资和工作人员的大量抽调也影响到各县乡相关工作的正常开展。

（三）医疗卫生资源不充分

同样短缺的还有医疗卫生技术人员。迁入地的医护资源也相对优于县乡，但在大量的搬迁人口之下同样面临人均拥有率不足的问题，尤其是移民社区基层初级卫生保健人员、各等级医院专业医护人员、医疗床位等。

按照国家卫计系统的指标要求，仅万县迁入新区的 3 万多人口就需要增加医务人员 180 人左右，其中，执业助理医师需增加 78 人，全科医生需增加 6 人，护士需增加 97 人。兴隆新区卫生系统现有编制为 400 人，服务本区原住人口已经比较紧张了，随着大量新增人口的到来，自然给新区的医疗卫生服务骤然增加了压力。

基层搬迁干部在对农户做搬迁动员时，最有底气的便是城里各项优质资源配置和充足的公共服务供给能力，但事实上各县乡村的农户迁入后，相应的资源配置却未能提前或同步规划建设，搬迁家庭的合理需求未能得到及时响应和充分满足，以致部分搬迁家庭甚至产生了受骗的感觉。如此一来，搬迁干部们此前的承诺就显得更加苍白无力，后续的搬迁动员工作自然也更加难以推进。

另外，除了公共服务资源紧缺、实际配比可及性差之外，获取这些资源的价格也比在原居住地高出许多，尤其是就医负担明显加重。这又是人户分离之下城乡政策衔接方面的新问题了。

二 人户分离：城乡制度衔接有障碍

由乡而城的易地扶贫搬迁中，涉及移民城乡身份的转换，以及附加于户口之上的属地化管理、公共服务供给、社会保障制度、村庄集体经济组织经济属性和公共福利等重大社会问题，继而产生了城乡政策衔接上的系列问题。

以城镇化为导向的移民搬迁行动下，农民进城后即面临户口迁转的选择难题。在既有城乡二元结构下，一方面，户口与社会资源和公共服务的配置绑定在一起，如城乡低保、社保、基本公共卫生服务等；另一方面，随着国家政策向农村的倾斜，农村户口和人口已被渐次纳入国家各项制度保障体系中，享有相应的公共服务配置，同时农业户口也开始增加了多种"福利"，包括国家直接发放的农业补贴、退耕还林款、特惠金融政策、教育和医疗等贫困户特殊扶持政策、扶贫项目资源等，当然还有更根本的宅基地、承包地等生存资源和生产资料，含金量已有极大提高。

首先，户口是农民作为农村集体成员权的法定标志，只要户口在村里，就有权共享村庄集体经济组织的生产、生活资料，具有经济分配权和群众性自治组织的自主管理权；哪怕是搬迁进城了，只要户口不迁转，万一在城市生存不下去时，背后的农村老家就仍然留有一条能回去的后路。其次，农村户口附加"福利"不断增多，在有些农村人看来，比城市户口更加吃香。比如低保。在"应保尽保"的原则下，农村当前的低保覆盖面相当宽，农村低保的评定程序也相对保有更大的弹性空间，相反城市低保的评定要更为规范。尽管搬迁干部在政策宣讲和动员中会告诉农户，如果进城后万一一时找不到工作、生活困难，就可以享受城市低保，而且标准比农村低保高得多，给他们送上"定心丸"，但事实上，由于制度衔接、政策迁转、评定方式等方面的各种可能问题，对能否吃上城市低保并不确定。再如农村建档立卡贫困人口特别享有的金融惠农政策——特惠贷，支持每个贫困户享有 3 万 ~5 万元的无抵押贷款额度、3 年内由政府进行贷款贴息。这对于有一定发展能力但缺乏启动资金的贫困人口来说，是一项力度较大的支持性政策；而一旦户口迁入城市，他们将不再能继续享受特惠贷政策了。尽管目前新区针对已迁转户口的搬迁户的贷款需求，暂时从微型企业的口子上予以支持，但这只是针对少量需求的"关系式""人情式"开口，并非一项稳定制度。

总之，如果在户籍上转变为"城市人"，这些附加在农村户口上的福利就将失去。因此，很多农村人并不愿放弃农业户口，即便是已经搬迁进城的农户，选择把户口一并迁入了的也只是极少数人。"两头跑"是石山移民家庭的生活新常态，移民家庭搬迁后人户分离现象加剧，大量移民并未从户籍登记上进行"农转非"。所以，新区移民社区的户籍人口远远少于常住人口。而严重的人户分离，又反过来进一步加剧了迁入地与户口类型和属地直接挂钩的各项制度衔接、政策转续和公共资源配置上的障碍，造成公共管理服务在实际配比上的不可及，进一步扩大到制度衔接上的不可及。

> 只要他们落户了，我们就能提供相应服务，因为很多基本公共服务和社区服务都是按照辖区户籍人口配置的；但他们要是不落户，我们也没有办法。每天来问的人很多，我们每一次也都跟他们（做出）各种解释。没办法，解释这么多次，这些情况他们也都知道了，但就是不理解我们的工作，还是每天每天地来问。（兴隆新区某移民社区工作人员小夏）

城乡公共服务、社会保障和救助等的制度衔接问题直接跟户籍挂钩，如果户口不迁入城里，就不能享受依附于其上的各种资源和服务。在社区工作人员看来，只要搬迁农户在社区落户，类似这些资源匹配不均、不公，新农合医保报销比例降低、就医的自付部分负担加重，入不了基本公共卫生档案系统等一切问题很快就能迎刃而解。

> 那个手环是配给小朋友们防走失的，或是万一有紧急情况报警用的。刚过来周围环境都不熟悉，方便一点……不是所有孩子都有，我们主要是优先面向进入公办幼儿园的户籍人口投放的。如果搬进我们社区，但是你们家的户口没迁过来，或者你进去的是周围这些民办幼儿园，那现在还享受不到。这些都是按照户籍人口比例配发的。没户口就没得。确实现在很多小朋友家里户口还没迁过来，这部分人不少。很多家长也来问，也跟他们解释过很多次了。协调啊、沟通啊，这些工作（跟）他们很难做。（兴隆新区某移民社区工作人员小夏）

从城市社区属地化管理的角度来看，从中央到地方，各级政府相应配套资金按户籍人口拨付容易理解；但对于新搬迁移民来说，迁户口远不是办个落户手续那样简单。而且，城市公共资源配置不可及、政策制度有障碍，这也更加助长了他们的观望情绪、影响了他们的落户积极性。农户在搬迁上没有选择余地，搬迁后又要面临落户选择，不落户就很难享有公平充分的公共服务和后续保障。

> 让我们搬的时候说得很好，什么保障啊、服务啊都能得，都给保障。现在我们带头搬过来了，啥都没有。（兴隆新区某移民社区搬迁农户）

既有的城乡制度体系分割决定了农民进城后会面临制度衔接、政策接续等方面的问题。作为系统工程的易地扶贫搬迁，尤其是跨区域城镇化安置的方式就必须考虑到政策的系统性、协同性，尽可能减少或避免搬迁后端出问题，否则，政策宣传到落实中间的落差，就会被搬迁移民归因为政府和社区的不负责。尽管搬迁民众一定程度上存在过度依赖政府的现象，但易地扶贫搬迁安置中的问题却不容忽视，而这也从侧面反映了行政社会"无限责任政府"大包大揽的弊病。

三 "迁跃"扶贫：移民基本就业难保障

作为一种"迁跃"的扶贫，无疑是对处于自然、经济、社会边缘贫困人口的一种强干预过程，以期他们能摆脱贫困，实现跨越式发展。[1]

易地扶贫搬迁要求"搬得出、稳得住、能致富"。但

---

[1] 陈晶晶:《"扶贫迁跃论"之初定义》，"我家农村的"微信公众号，2020年8月6日。

很显然，搬迁并不等于脱贫，"挪穷窝"之后还要能得到新的发展机会来阻断贫困的自我循环、代际传递，并实现可持续发展。其中很重要的一点就是，搬迁人口获得相对稳定的就业机会，以保障他们在脱离农业生产进入城市后能拥有维持其生计的收入来源。因此，中央反复强调，要做到"以岗定搬"。但是，移民在这种"迁跃"助长式扶贫过程中，往往很难得到相应的能力提升，很难保障好的发展机会。

从劳动力素质来看，搬迁人口整体受教育程度不高，大多只能从事相对低技能、低收入的劳动岗位，比如环卫工、门卫、保安、保洁、勤杂工等。如果一个搬迁家庭只能保障一个就业人口，类似这些岗位的工资根本无法满足全家人的城市生活支出。从就业条件来看，尽管越大的城市就业机会越多，但尚处于开发初期的兴隆新区，经济活力仍在缓慢上升中，就业机会尚不充分。为吸引农户搬迁，州、县政府都承诺保证每户至少一个人口就业。先期搬入的农户由于基数较小，基本能够兑现一户一人就业，但随着各县乡搬迁人口的猛增，就业机会不足问题就迅速凸显，搬迁农户的意见也越来越大。

为了增加就业机会，黔州在兴隆新区规划建设了工业园区，引进了上百家企业，其中许多都是从东部沿海发达城市转移过来的劳动密集型企业，如制衣厂、制鞋厂等，以吸引新搬迁的农村劳动人口进厂务工。但是，这些工厂普遍利润空间较小、经营效益不高，工资标准很低，熟练工人的月工资标准不足 2000 元。对于一些有过外出经验、曾在沿海发达地区务工的年轻人来说，之前月工资基本都在 3000 元以上，不少在五六千元以上，这样的收入落差也给他们带来心理落差。第一批搬迁的农户中有 200 多人进入这些工厂做工，但是不到三个月，留下做工的就只剩下 20 多人了。同样是务工，他们宁愿到沿海地区去务工。

在怎么看实现"就业"方面，农民的就业期待和工作队的就业承诺存在较大落差：是稳定就业还是间歇就业，高收入就业还是低收入就业……这些并无明确标准，以是否实现就业来考核搬迁工作是否到位，这里就有极强的弹性空间：数据上容易实现，但农民显然对这样的就业并不满意。

> 盘村有一个（人）去厂里做了 50 多天，得了 600 多元钱。他说天啊，怎么（才）这么点啊，怎么生活啊。在厂里面，当时宣传的时候说多少多少，讲一天 80 元，一个月 2400 元。结果呢？我的天呐，你叫人怎么活。还有一个裁缝厂，有人去做了一个星期，才得了 60 元钱，笑都要笑死你。当时（盘村）那个人就说了，不说 50 天 600 元，就是一个月给你 500 元，你去农村给我看牛，一天不要你干什么，把牛放出去，你在坡上睡觉都行，晚上把牛赶回来就行了。（牛村村民 RXH）

在我们实际走访的一家制鞋厂中，随机访问的几个做工者都尚未签署合同，大都只是听说这家厂里要用工就先过来试试。

> 听说这里要人，就先来试试……你说合同、工资这些啊？都还没问，先赶紧找个事情做吧，城里花销太大，啥都要钱来买……我想到时候他多少都要给我开点儿钱吧。（兴隆新区安置社区周边某制鞋厂流水线工人）

在一条流水线上的高温压模机处，我们看到一位年轻做工者因为操作不熟练、赶不上传输带的速度，就直接将手伸进机器中慌忙掏回加工件，而机器正对他的一面就印有"禁止手伸入内"的明显标识。当被问及是否有做岗前培训、是否有工伤保险等时，小伙子说道："我昨天刚来的，没说要培训，就让我在这儿（流水线上）做了。还没（签）合同，你说工伤啥的，我都还不知道。"这基本就是目前大多数移民所能找到的工作岗位了。青年人尚且如此，全体移民家庭的整体就业情况短期内更不容乐观。

在自主创业方面，兴隆新区的移民安置小区建设了贸易市场，也修建了一些门面房，但是这些门面房的数量远远不能满足如此大规模小区居民对小商铺的需求。为了维持小区的日常运转，这些门面交由物业公司以市场化的方式进行分配，大多数搬迁户都难以争取到。而那些得到门面的搬迁户，他们铺面的经营效益也并不好。这些经营户告诉我们，由于搬迁进来的人大多数消费能力比较低，他们很难维持经营。一位卖肉的摊主说，他在其他地方正常情况下一天可以卖两到三头猪，到这里这么大的社区来，一天连一头都卖不完。

截至调研时，万县共完成跨区安置 10859 人，累计实现就业 2194 人，岗位主要集中在安置区内的鞋厂、制衣厂等，根据不同岗位和合同类型，每月到手工资基本分为 800 元／月、1000 元／月、1400~1600 元／月等三个档次，目前尚不能完全实现一户至少一人就业；而这样的收入水平，即便能保证一人就业，也很难长久地支撑一家数口人在城市长期生活下去。在移民的基本就业难以保障的情况下，"迁跃"式的搬迁无异于拔苗助长，强干预带来的更多是政策泡沫。

第四节　整乡搬迁政策调整及新问题

黔州以石山地区为核心的整乡跨区域易地搬迁工作推进以来，从中间政府决策层到基层各级政府执行主体都已意识到这些问题，包括：政策指标内外搬迁对象规模、结构、比例倒置问题；迁出地住房拆除复垦问题；安置后续保障中的资源配置压力问题；城乡公共服务衔接问题；移民文化与城市社会融合问题；减贫成效和搬迁对象满意度问题；对照此轮复杂系统工程的原则、取向、任务逐级逐年分解等的具体实施进度问题，等等。尤其是在面对即将到来的考核之时，从中层到基层、从上到下的政策决策者和执行者都必须思考"如何顺利过关"的问题。

针对整乡跨区域搬迁政策过程中浮现的这些问题，省级领导和决策层适时做出政策调整，由省级易地扶贫搬迁工程建设指挥部制定《易地扶贫搬迁跨区域安置实施意见》（2017年"3号文件"），主要针对跨市（州）、跨县（市、区、特区）搬迁，同时进行城镇化集中安置的易地扶贫搬迁安置方式，重申坚持围绕脱贫目标、协调一致、群众自愿等原则；在跨区域搬迁的条件和审批上，强调全省规定的一套易地扶贫搬迁对象识别登记办法和工作流程，同时增加附加条件，要求自愿跨区域搬迁且具备一定的劳务技能或商贸经营基础，并对迁入地搬迁政策无异议，而对鳏寡孤独或"五保"等丧失劳动能力的搬迁对象规定原则上不纳入跨区域搬迁安置；在工作流程上，恢复迁出地政府的工作权责和主体能动性，主要表现在跨区域搬迁安置确认、项目申报及实施方案审批等方面；在工作要求上，强化省级指挥部门对跨区域尤其跨市（州）搬迁安置的组织领导与考核督查。此后，"5号文件"进一步对"搬谁"的问题做出了具体框定，同时明确提出"三不搬"对象资格限制。

这两份文件所做的政策调整，原则上否定了黔州的"整乡跨区域"易地扶贫搬迁政策，部分修正了跨区域搬迁安置工作的工作机制和重心任务，强化了省级政府的政策决策力。另外，过去一年多的整乡跨区域搬迁政策实践中已经产生的诸多问题又该如何纠正并如何追责，其潜在的社会风险、经济风险又该如何防范，这又带来了新一轮的问题，也给地方各层级政府带来治理困境，有待持续追踪和深入研究。

第六章

结　语

解决贫困问题，尤其是全面消除农村绝对贫困，切实关涉到基层社会的发展和民众的生活福祉，它不仅是一个重大社会问题，更是国家治理和社会治理中的一个重要方面，是我国一项重大社会政策。这项社会政策是否具有针对性、有效性、可行性，不仅取决于决策的合理性和科学性，还取决于执行中的治理机制和方式，特别是在基层社会的反贫困治理中。

面向 2020 年目标的精准扶贫精准脱贫系统工程既表现为一种复杂的社会过程，也更多表现为一场艰巨的治理过程。生态移民搬迁和易地扶贫搬迁的确对中国的减贫事业发展做出了重大贡献，极大改善了受益群众的生产生活条件，同时实现了迁出区域的生态保护和恢复，取得了多重积极效应，是中国国家主导下制度优越性的注解。而精准扶贫系统工程在操作化上的主要难点在于：一是如何处理区域性发展问题和政府性扶贫兜底问题之间的政策目标和责任边界问题；二是如何平衡既定时限下的指标任务与现实中可能复杂而长期的社会重建工作带来的挑战。贵州省黔州万县石山乡的政策变形恰在这一操作化过程中放大了精准扶贫系统中易地扶贫搬迁工程的复杂性与矛盾性，期间产生的很多问题非常值得进一步思考。

一 搬迁后如何实现脱贫呢

不仅搬迁农户在问，政策执行者和研究者也都在问这个问题；脱贫攻坚战的收官评估中也会问到这个问题。从牛村的生态移民搬迁、易地扶贫搬迁系统工程执行情况和搬迁对象目前的脱贫情况来看（见表6-1），尽管脱贫户数和占比等数据在2016年以后相比往年有较大提升，但从前文所述诸多问题来看，实际结果和收效距离数据展示尚有距离。

表6-1 牛村生态移民搬迁户和易地扶贫搬迁户情况

单位：户，%

生态移民搬迁户（56）				易地扶贫搬迁户（167*）			
贫困户			非贫困户	贫困户			非贫困户
已脱贫户		未脱贫户		已脱贫户		未脱贫户	
2014年	2015年	2016年	11	38	2014年	2015年	2016年	13	128
1	1	5			8	5	13		
5.56	5.56	27.78	61.11		20.51	12.82	33.33	33.33	
18				39			
32.14			67.86	23.35			76.65

注：*含15户生态移民搬迁二次易地扶贫搬迁户，其中贫困户5户、非贫困户10户。
资料来源：牛村调查数据。

结合前文对脱贫者的搬迁意愿进行的分析，可以初步判断：尽管新一轮易地搬迁工程在实施规模和脱贫比重上都较前一轮搬迁工程有所提升，但从搬迁到脱贫还需要大量的后续保障工作支撑，尤其需要跨部门协调与同步匹配来夯实搬迁后的减贫效果。

　　在精准扶贫"五个一批"政策工具组合包中，通过易地搬迁脱贫一批更多是一种面对"一方水土养不起一方人"而不得不为的"退守型"政策工具选择，但恰恰是在这里，一些地方政府在政策决策和执行中却将其作为"进取型"政策工具选择。这就要求政策决策者、执行者和研究者回归易地扶贫搬迁政策的精准取向和自愿原则并进行反思，包括"大水漫灌"的运动式搬迁、基层逐级分解指标下的军令状、相关利益群体的政策共识，以及政策执行过程中的诸多问题等；同时对搬迁后续保障机制和城乡融合可持续发展进行追踪调研、着力解决。特别是通过信息系统等技术手段对扶贫绩效和搬迁后城乡社会融入中存在的制度障碍等进行监管、风控和即时上报，同时引入搬迁对象主观意愿、退出机制以及向上核减任务指标等的通道。

二　脱贫户的生活满意度如何

　　抽样调查数据显示，牛村人对整乡搬迁政策之前的生活提升 / 变化整体相对满意，但仍有约 30% 的农户并不满意。

　　结合参与调查农户的类型来看，在对当前生活不满的

21户中，建档立卡贫困户和非建档立卡户基本各占一半，脱贫户和建档立卡调出户占到1/3（见表6-2）。其中，11户建档立卡贫困户中具体包括五保户（1户）、低保户（2户）、低保贫困户（3户）、一般贫困户（1户）和脱贫户（4户）五种类型；10户非建档立卡户中具体包括建档立卡调出户（3户）和非贫困户（7户）两类。在对当前生活不满相比5年前变差了的5户中，建档立卡贫困户有4户（含脱贫户2户），非建档立卡户有1户，脱贫户占到2/5；认为5年后会变差的4户中，有2户低保户、1户建档立卡调出户、1户脱贫户，脱贫户和调出户更是占到一半。

表6-2　牛村调查农户中对当前生活不满情况统计

单位：户

项目	建档立卡贫困户					非建档立卡	
	五保户	低保户	低保贫困户	一般贫困户	脱贫户	建档立卡调出户	非建档立卡
对当前不满	1	2	3	1	4	3	7
对当前不满且比5年前差			1	1	2		1
5年后会变差		2			1	1	
合计	11（52.38%）					10（47.62%）	

这里就引出了一个很值得思考的问题，究竟应该如何理解和评价目前的脱贫机制。是脱贫后的生活实际尚不稳定，扶持政策脱钩（或部分脱钩）后农户生活又面临返贫可能吗，还是脱贫农户的内生动力得到激发，对生活水平有了更高的期待和要求？这部分农户的不满意究竟是针对生活本身，还是针对政策脱钩的失落，抑或两者兼有之？

结合其他调查问题回答情况来看，这些对当前生活不满意且比 5 年前差的人，不论是低保户还是脱贫户，无论年龄处于哪个阶段，他们大都认为村庄条件、基础设施和发展环境越来越好了，对村庄及自家享受到的小水窖、路、电入户以及危房改造等基础设施建设项目的帮扶效果都普遍满意；但另外，他们又对当前扶贫政策是否合理、本村及本户帮扶措施是否适当、扶贫效果如何等问题整体评价较差（很不合理/很不适合/很不好）或是回避直接评价（说不清）。

再结合后续访谈信息初步了解到，依旧不论是低保户还是脱贫户，也无论年龄处于哪个阶段，这些人整体应对风险的能力并没有显著提高，他们仍然对自己家庭内部或是外界各种风险有很高的担忧，比如在遭遇中、老年丧偶时，在自己的家庭建设和维系上会有明显的垮塌感；在面对整乡跨区域城市搬迁时，会对自身现有发展能力强烈存疑；尤其是作为当下的或是曾经的政策对象，面对全面脱贫目标，在"一揽子"的建档立卡贫困户扶持政策和补贴一下子脱钩之后，他们对如何维系扶贫搬迁后的城市生活深感不确定。而这最后一点，在建档立卡贫困户的脱贫户和调出户中表现得尤为明显。

相比之下，5 户中唯一一户对当下生活不满意且认为比 5 年前变得更差的非贫困户，他的情况也具有一定的政策分析意义。

户主 1978 年生，和妻子两人在家务农、务工，有新农合、无农保，养育3个学龄孩童，调研时有2个孩子上小学（牛村小学）、1个上初中（乡镇中学），当年学杂费共1500元。他们认为入读公办学校，小学、初中的办学条件都"比较好"，但是对3个孩子的学业表现都"非常不满意"。相比5年前，一下子增加了2个孩子的教育、抚育支出，家庭经济压力增大，所以认为生活相对变差；5年后3个孩子依旧还在教育阶段，所以生活变化"不好说"。但是长远来看，他们对自家发展仍有一定信心。"小孩的适应性强，上了学多少也会比我们做父母的更有出息，等他们也进入社会了，可能就好多了。现在评上贫困户了啥都有了，评不上就啥都没得……你说教育补贴啊，能得的话当然就不一样了。"①

他们家2014年纳入村里的生态移民搬迁对象，调研时就住在牛村的生态移民房，当前家庭生活最大的压力来自学龄儿童的抚育成本和学业支出，而且这一教育压力还将持续十数年；如果有针对支出型贫困家庭的单项扶持政策如教育补贴等，那么该家庭的生活状态应会有明显改善，家庭主要劳动力也会有更大的发展动力和信心。

进一步反思当前主要针对收入型贫困家庭（建档立卡贫困户）的"一揽子"扶持政策，从贫困阻断机制或者说减贫脱贫机制上来讲，政策设计可以适度调整理念，从单一地、全方位地保障支出型贫困家庭转向多元地、有侧重

---

① 资料来源：牛村住户抽样调查数据及受访者访谈资料。

地保障支出型贫困家庭，更多虑及政策对象的精准普惠性、单项政策工具的针对性和可及性，以及政策工具之间的协调性等。

三　如何理解为了发展的干预

放在易地搬迁政策的前提假设之下去看，干预是针对"一方水土养不起 / 好一方人"。石山地区贫困的源头之一就在于石漠化。而石漠化又是怎么造成的？如前所述，石山地区的石漠化加剧一定程度上恰是在 20 世纪中后期的"运动"和"大发展"之下出现的，经济发展的代价是对环境的破坏。此后，从 20 世纪 80 年代开始，国家和地方政府就已在尝试大力度推进生态改造、水土治理以及基础建设改善，同时小规模试点移民搬迁，很多地区的生态和水土得到了极大的改善。如果批判地看待这一过程，理解石山地区的石漠化及其治理，某种程度上就需要去思考贫困和发展之间是如何动态"互塑"的，而如今的"贫穷治理"又是如何施加发展干预来改造贫穷的。

在现代治理的话术中，贫困的定义、识别、干预事实上都处于一种建构和解构中。在定义上有绝对贫困、相对贫困、恩格尔系数、贫困线等概念，在识别测度上有基本需求成本法、最低生活标准法（MLS），有最低工资、"七看八不准"等标准设定参照，在干预上有"开发扶贫""精准扶贫""五个一批"，有 5+N、N+14 等诸多措施。随着经济社会发展和人民生活水平改善，贫困现象和反贫困的努力也相应发生调整，始终处于一种动态的建构与解构之中。

在这一动态循环过程中，被改造、发展的对象如何调适，又如何自处？他们怎么理解所谓的"发展干预"？这里有非常积极的一面，如基础设施、公共服务的极大改善，再如退耕还林、生态移民有土安置等政策对农户生存环境、生活状态的正向改造；但也不乏带来影响的一面，最直接的如产业扶贫对乡村发展方式、对农户生产经营的干预，更有整体搬迁的彻底干预。如果说在产业扶贫项目上，尽管农民在一次次的失败经验中消耗了热情和信心，但至少保有选择的权力和余地；而整体搬迁则将农民彻底置换到另一个全然未知的陌生环境中，后续保障与政策转续问题、移民文化与城市社会融合问题等，都将给农户家庭经济与可持续发展带来更多的挑战。

在调研组对牛村的持续跟踪中，我们了解到，牛村到现在还有近200户农户依旧生活在村里。但是，牛村小学和石山乡九年制学校已经被撤，学生们则被分流到周边的乡镇和万县县城，少数去了新市，学生家庭的经济、照料负担同时加重。这些都是不得不去思考、回应的新问题。

四 "改善"的目标实现了吗，做对了什么

从牛村到整个石山地区，改变无疑是翻天覆地的，"改善"的目标毋庸置疑也得到了部分实现。但是，为何一方面"改善"在实现，另一方面却要抛弃改善成果而整

体搬迁？同时，面对搬迁，不同经济基础、发展能力的农户家庭，在思想认识、行动策略上的分化也在加剧，村庄整体发展能力的提升滞后于扶贫政策的推进，原本的村庄强者在政策加持下面对未知风险而更敢于挑战和拼搏，而村庄弱者却在政策裹挟下面对风险更加退缩、更加脆弱、更加游离。

石山在变好、牛村在变好。这里面，政策者究竟做对了什么、又漏掉了什么？在调研中，我们会经常在各种场合听到老百姓"脱贫内生动力不足"这样的归因。为何老百姓一边看到日子越来越有希望，另一边却又内生发展动力不足呢？是否真是因为老百姓都把所有希望"压"在政府身上，而不愿从自身做些努力和改变吗？调研中了解到，每个村庄或多或少都有所谓的"懒汉"，也即福利依赖者，但他们绝非村庄的主流，也非贫困户的主体。那就有必要反思，是否当前所谓的"改善"逻辑下的发展政策外部性过强、改造目标过度，对老百姓的内生性、主体性关照不足所致？

在我们于 2017 年前往牛村展开调研之际，收到万县王村一位年轻村干部在微信朋友圈上发布的消息，他们村里农户自种的芒果已经在地方政府、企业和社工团队的帮助下进军大贵阳市场了。2016 年我们前往王村调研时，这位年轻村干部还在倒贴钱来经营村庄事务。某一日，他一个人骑着摩托车考察广西芒果市场回来的路上碰见我们调研队伍，停下来跟我们激动地分享他看到的芒果市场和前景，还用激动到变调的奇奇怪怪的贵普跟我们说："我很看好我们的芒果和芭蕉。我现在恨不得插上翅膀，马上去地里照顾我的芒果和芭蕉。"说这话时，他眼中带光。这一场景至今历历在目。一年后，年轻村干部带着他的乡亲们和果子们走出了大山，他们心怀希望，眼里的光芒更盛。

如果说整乡搬迁政策漏掉了什么，那该当是缺乏对当地人生活系统、地方性知识，以及当地人与土地联结、社会联结的重视，缺乏与当地人共情的能力；而若想要更多激发他们的"内生动力"，首先需要恢复他们作为"生活主体"而不是"话语对象"的主体地位，要尊重并挖掘他们作为村庄生活、土地生产主体的传统优势。"改善"的逻辑之下做对的地方，也恰恰更多存于立足地方、挖掘当地优势、尊重当地人主体、关注当地人福祉，并在所有这些基础之上，再来通盘地、支持性地提供发展帮扶措施。

对于贵州省这样一个聚集了生物、地质、人文等多维度、多样性和特色山地资源丰富性的地方，立足解决好区域性发展的历史欠账、新业态发展与可持续发展问题，将是一大方向，特别是在国家提出全面脱贫攻坚衔接乡村振兴战略之际，对于大多数仍具备发展条件的村庄则应给予关键性的政策倾斜和扶持。

站在以人民为中心的立场上，人是最关键的要素，人民的意愿应被尊重、应可表达。在类似牛村这样的贫困村，经过多年的反贫困工作，现实中已经勾勒出一幅美好蓝图并已初具发展雏形，完全无须用一个充满各种不确定性的政策"大饼"去强行替代，以致僭越了老百姓当下的现实生活；而是更应给予农村人才队伍建设和深度业态多元开发等方面的支持，在前期利好政策基础上进一步巩固强化。例如针对较受老百姓欢迎的退耕还林，可以通过储备和输送各类服务性林业专业人才和复合型人才夯实农村人才队伍，同时对老农进行教育培训，针对性地开发守林员、护林员公益岗位，国土资源保护与抢救性恢复、生态修复公益岗位，生物、景观多样性保护公益岗位等，建立一支在地化的实用型职业队伍，在改善职业空间与经济收入的同时，不仅为生态保护和恢复做出努力，也为进一步促进农村人口的培养与转型、促进农业产业提升，以及促进乡村振兴做好准备。相信牛村的明天一定会更好。

参考文献

〔印度〕阿比吉特·班纳吉、〔法〕埃斯特·迪弗洛:《贫穷的本质:我们为什么摆脱不了贫穷》,景芳译,中信出版社,2013。

陈坚:《易地扶贫搬迁政策执行困境及对策——基于政策执行过程视角》,《探索》2017年第4期。

付少平、赵晓峰:《精准扶贫视角下的移民生计空间再塑造研究》,《南京农业大学学报》(社会科学版)2015年第6期。

贵州省发展和改革委员会:《贵州省易地扶贫搬迁工程实施规划(2016~2020年)》,2016。

贵州省扶贫开发办公室、农业办公室编《扶贫攻坚文件汇编》(内部资料)。

国家发展和改革委员会:《全国"十三五"易地扶贫搬迁规划》,2016。

贺东航、孔繁斌:《公共政策执行的中国经验》,《中国社会科学》2011年第5期。

姬广武:《三西建设:当代扶贫的序幕》,《诤友》2015年第5期。

刘坚主编《中国农村减贫研究》,中国财政经济出版社,

2009。

马流辉、曹锦清:《易地扶贫搬迁的城镇集中模式:政策逻辑与实践限度》,《毛泽东邓小平理论研究》2017年第10期。

〔美〕迈克尔·M.塞尼:《移民与发展:世界银行移民政策与经验研究》,水库移民经济研究中心编译,河海大学出版社,1996。

施国庆、严登才、孙中艮:《水利水电工程建设对移民社会系统的影响与重建》,《河海大学学报》(哲学社会科学版)2015年第1期。

孙兆霞等著:《贵州党建扶贫30年》,社会科学文献出版社,2016。

王春光、赵玉峰、王玉琪:《当代中国农民社会分层的新动向》,《社会学研究》2018年第1期。

王春光:《政策执行与农村精准扶贫的实践逻辑》,《江苏行政学院学报》2018年第1期。

王春光:《中国社会发展中的社会文化主体性——以40年农村发展和减贫为例》,《中国社会科学》2019年第11期。

王宏新、付甜、张文杰:《中国易地扶贫搬迁政策的演进特征——基于政策文本量化分析》,《国家行政学院学报》2017年第3期。

杨雪冬:《压力型体制:一个概念的简明史》,《社会科学》2012年第11期。

叶青、苏海:《政策实践与资本重置:贵州易地扶贫搬迁的经验表达》,《中国农业大学学报》(社会科学版)2016年第5期。

张建:《运动型治理视野下的易地扶贫搬迁问题研究——基于西部地区 × 市的调研》,《中国农业大学学报》(社会科学版)2018 年第 5 期。

张世勇:《规划性社会变迁、执行压力与扶贫风险——易地扶贫搬迁政策评析》,《云南行政学院学报》2017 年第 3 期。

张文博:《易地扶贫搬迁政策地方改写及其实践逻辑限度——以 Z 省 A 地州某石漠化地区整体搬迁为例》,《兰州大学学报》(社会科学版)2018 年第 5 期。

周雪光、艾云:《多重逻辑下的制度变迁:一个分析框架》,《中国社会科学》2010 年第 4 期。

朱亚鹏:《公共政策过程研究:理论与实践》,中央编译出版社,2013。

deLeon, P., "A Democratic Approach to Policy Implementation," *Paper Prepared for Presentation at the Annual Meeting of the American Political Science Association,* August 31, 2001, San Francisco.

Dunsire, A., "Implementation Theory and Bureaucracy," in Younis, T. (ed.), *Implementation in Public Policy,* Aldershot: Dartmouth, 1990.

Hjern, B. and Porter, D. O., "Implementation Structures. A New Unit of Administrative Analysis," *Organization Studies,* 1981(2): 211–227.

Hill, M. and Hupe, P., "Implementing Public Policy," *Governance in Theory and in Practice*, London: Sage, 2002.

Lipsky, M., *Street-Level Bureaucracy: The Dilemmas*

of Individuals in the Public Service, New York: Russell Sage Foundation, 1980.

Majone, G. and Wildavsky, A., "Implementation as Evolution," in H. Freeman (ed.), *Policy Studies Review Annual*, Beverly Hills: Sage, 1978, 103–117.

后 记

　　中国社会科学院社会学所与贵州民族大学社会建设与反贫困研究院学术团队有着长期的合作关系，本课题即是双方合作的成果之一。

　　双方团队在本课题田野点的调查也是一个持续的过程。2016年1月，课题组成员孙兆霞、张建等承接了中国移动–万县扶贫实验区的基线调查任务，首次进入石山乡，并选取牛村作为调研点驻村调研3天，采用深度访谈、填写统计表格、绘制村庄资源图、收集田野资料等方法，对该村做了较为全面和深入的初步调研，本报告的部分资料也来源于此次调查。以此次调研所掌握的情况为基础，2016年底，双方团队合作申报中国社会科学院"精准扶贫精准脱贫百村课题"子课题并获得立项。2017年8月，双方团队共8人形成调研组，由孙兆霞带队，驻村调研10天，按照总课题组的要求，进行住户抽样问卷调查（含33户贫困户、36户非贫困户），并对贫困户、村干部、驻村干部、第一书记、镇领导、县移民部门领导等进行了深度访谈，随后还对跨区域易地搬迁迁入地的移民安置小区住户进行了随机入户走访调查。2017年9月，由王春光带队，课题组通过研讨会、座谈、深度访谈等方式，对贵州省、黔州、万县等与移民相关的部门和州、县主要领导开展调研，本课题对省、州、县层面的访谈材料即来源于此次调研。此后，课题组成员张建再次驻村调研 10 天，通过访谈、实地考察等方式，掌握了更为丰富的田野资料。

本报告的写作主要由张文博、张建负责，前四章由张建、张文博共同完成，后两章由张文博完成。在报告写作过程中，王春光研究员、孙兆霞教授及课题组成员马流辉、刘艺、吴彪、阮运斌等也提出了若干重要思路。

课题的完成，离不开田野点村民及受访各级政府部门领导的大力支持与配合，在此，课题组向他们表示最诚挚的感谢。感谢中国社会科学院社会学所陈光金研究员，他审读了本课题的送审稿，并提出了中肯的修改意见，本报告吸纳了他的意见，并做了认真修改。

本报告文责自负。由于作者水平有限，难免有疏漏和不足之处，恳请各位读者批评指正。

图书在版编目（CIP）数据

精准扶贫精准脱贫百村调研. 牛村卷：石漠化山区
民族村寨的扶贫之路 / 张文博，张建著. -- 北京：社
会科学文献出版社，2020.10
　ISBN 978-7-5201-7512-8

　Ⅰ.①精…　Ⅱ.①张…②张…　Ⅲ.①农村－扶贫－
调查报告－贵州　Ⅳ.①F323.8

　中国版本图书馆CIP数据核字（2020）第208993号

·精准扶贫精准脱贫百村调研丛书·
精准扶贫精准脱贫百村调研·牛村卷
　　——石漠化山区民族村寨的扶贫之路

著　　者 / 张文博　张　建

出 版 人 / 谢寿光
组稿编辑 / 邓泳红
责任编辑 / 薛铭洁

出　　版 / 社会科学文献出版社·皮书出版分社（010）59367127
　　　　　地址：北京市北三环中路甲29号院华龙大厦　邮编：100029
　　　　　网址：www.ssap.com.cn
发　　行 / 市场营销中心（010）59367081　59367083
印　　装 / 三河市尚艺印装有限公司

规　　格 / 开　本：787mm×1092mm　1/16
　　　　　印　张：17.5　字　数：174千字
版　　次 / 2020年10月第1版　2020年10月第1次印刷
书　　号 / ISBN 978-7-5201-7512-8
定　　价 / 59.00元